女力告白

最危險的力量與被噤聲的歷史

WOMEN & POWER

A Manifesto

Mary Beard

瑪莉·畢爾德——著 陳信宏——譯

推薦語

柯采岑／Audrey　吾思傳媒 女人迷主編

當我們談女性主義時，常提到一個概念——歷史由誰來定義？
又或者說，過去定義歷史的資格握在誰手上？
我們能不能從history到herstory，從女性的視角出發，聽見女性聲音，梳整陰性歷史，進而肯認女性經驗。

這本書問世的意義也在於，終有一天，我們能大大方方地說：
身為女性，我不道歉，我不遺憾，我心甘情願，亦信有所成。

推薦序1

還給女性打造故事與歷史的權力

V太太　性別部落客

大部分的女性恐怕都有過「被安靜」的經驗，或許是說出來的意見完全不受重視，或許是剛開了口就被阻止打斷，或許是根本找不到發言的機會。這些經驗可能發生在私密的生活空間裡（例如和伴侶互動時），可能是在職場上，也可能是在各種現實與虛擬的公領域中，當我們有話想說時，卻無法得到我們所期待的重視，反而遭受拒絕、無視或是輕蔑，有時是一句「妳不懂」，有時是同樣的意見從隔壁的男同事口中說出來卻突然變得珍貴，又有時是富有惡意的貶低、威脅與攻擊。

從女權運動萌芽起，爭取「話語權」就一直是女性主義者們奮鬥的核心之一。是的，「說話」其實是一種權力，說話代表的不只是當下誰的聲音被聽見、誰的意見能夠影響與左右決策的建立，「話語權」另一個重要的意涵在於，女性作為一個群體，能夠描述自己的經驗、發展自己的故事，進而決定自己的歷史。透過掌握話語權，女性不再只是歷史的客體，而能夠真正成為主體。換句話說，說話的權力決定了我們是否真實存在。

例如投票權便是女性掌握話語權的標記之一，女性藉此得以在政治場域裡發聲、影響決策，而女性在政治、經濟、文化領域的參與也讓女性的聲音和經驗得以被發現，愈來愈多的女性在不同領域內擔任領導位置，並且積極參與公共事務的討論和文化創作，都為女性打造更多被聽見的機會。

然而值得注意的是，隨著愈來愈多女性嘗試發聲，那些試圖讓女性安靜的舉動卻沒有減輕力道或消失，反而發展出更多的形式。比方說，當各種網路平台為女性打開參與公共討論的管道同時，女性卻也可能面對網路空間裡的各種攻擊或騷擾，包括以身體、外貌和性為基礎的羞辱和打壓。

與此同時，另一個值得留意的現象是，隨著女性領導人增加、愈來愈多女性掌握了發聲的管道，女性的「被噤聲」愈來愈常被看成是一種個人層面上的現象，而非一個結構性的問題。小部分女性的成功被當作一種「該問題已經不復存在」的見證（例如：我們選出了女性總統，顯示兩性已經很平等），而其餘女性面對的困境則被視為個人應該透過自己的意願和努力來克服的阻礙。於是我們看見各種對女性的教戰守則，指導女性應該如何才能為自己爭取成功，我們會告訴女性她們必須「把握機會」，當在公領域受到打壓時，我們會期待她們運用某些技巧自行克服（例如，當女性在網路上受到騷擾時，最常聽到的回應之一就是：「妳不要理對方就好了！」）

然而，這樣的趨勢是危險的。一方面這使我們忽略了，即使個別女性在自身的環境發聲時可能遇到不同挑戰，女性的「被安靜」卻是一個集體的現象，來自於父權規則裡對性別的特定想像；另一方面，當結構問題被簡化成個人困境時，這也削弱了女性做為一個集體，共同連結、合作並且進行反抗的力道。

瑪莉．畢爾德《女力告白》所提出的，正是這樣一個重要的提醒。

在這本三萬字不到卻字字珠璣的小書裡，畢爾德一方面透過回顧古典文本和事件，顯示聲音／意見被壓抑的狀況一直存在於女性的歷史中，並且被不同族群、地位和文化的女性共同經驗著，同時藉此提醒我們，這種現象所揭露的根本問題在於女性如何被排除於權力之外，而父權規則又是如何透過各種本質化的歸因（也就是：女性天生就如何如何）來合理化這樣的排除。當女性的「無聲／無語」被視為一種天然的、「非如此不可」的現象，嘗試突破藩籬而發聲的女性彷彿成為入侵者，破壞了某種現有的、安定的階序，而她們所受的各種打壓和攻擊也因此變得合理。與此同時，如果想要躲避這些攻擊，女性則必須透過迎合、融入某些特定的性別想像（例如表現出某種「男子氣概」），來讓自己獲得認可、取得發言的合理性。

由此出發，《女力告白》一書提出了一個更積極而且激進的關注：女性和權力的關係。儘管在性別平等的目標之下，我們逐漸發展出許多協助女性進入公領域並發聲的措施，但這顯然不足夠，甚至可能帶我們遠離問題的核心。

事實是，如果我們想要釐清女性的聲音被壓抑的原因，並且平反女性受到的限制，進而真正讓女性的聲音獲得自由，那麼僅僅只是在現有的權力框架下納入女性，終究是緣木求魚；相反的，因為舊有規則未能被打破，前述那些針對公開發聲的女性的攻擊，就永遠能夠找到立足之處。換句話說，如果女性必須透過證明自己「有資格」才能說話，那麼掌握權力的人就始終能夠找到剝奪這些資格的理由，而這種資格論更可能會分化女性，使我們難以團結。

我們必須倡議的是：女性的聲音、女性的意見、女性的表達方式，從來就沒有比較劣等，而這指的不僅僅是身處高位、能夠打入男性圈子的成員，應該適用於所有女性。任何人都應該有權力，在傾聽與訴說的過程中（這裡指的不只是公領域、富有政治意涵的溝通，也包括私領域內，關於生活與親密關係的互動），打造自己的故事和歷史，包括女性。這是瑪莉・畢爾德給我的啟發。

推薦序2

性別偏見的時光機

康庭瑜　政治大學新聞系副教授

前些日子讀了小學社會科教材裡頭關於性別角色的單元。其中的一頁這樣寫：「傳統社會的女生會被要求處理家務」、「現在無論男生或女生，都能根據自己的興趣選擇喜歡的職業」。

「現代社會已經擺脫傳統的性別規範了」這個說法似乎非常流行。我不禁想，女人被限制在私領域的家庭，女人不被鼓勵去公共領域掌有權力，這真的只存於過去的社會嗎？過去和現在，真的是完全斷裂開來的嗎？傳統和現代，又真的是完全對立的嗎？

本書正是要將過去和現在串接起來，把傳統與現代連結起來。它要讓讀者看見，現代社會公共領域中對於女性發聲和女性掌權的偏見，如何可以追溯到古希臘羅馬的文學傳統中，也讓讀者看見，西元前的性別文化如何仍然非常鮮活的在今天的公共領域中出現。

畢爾德舉出許多當代西方社會壓抑女性公共言說的證據。在今日西方，對公共議題發表意見的女人，經常被描繪為著眼於瑣碎小事的嘮叨鬼，或被認為咄咄逼人，違反理想女人的樣子。而對公共事務大聲發言的男人，則相對較常被認為是充滿抱負與威嚴的理想男性形象。社會認為男人的低沉音調比女人的尖銳音調更具權威，迫使前英國首相柴契爾夫人接受壓低嗓音的訓練，因為她的形象顧問認為女性若用高尖的語調說話，不能使人信服。除了高能見度的政治人物，日常女性的公共言說也備受干擾。畢爾德討論推特上女性的公開發言，當有人反對這些女人的意見時，暴力威脅和性威脅的留言會蜂擁而來（我要把妳的頭砍下來強姦、無頭母豬、拔掉妳的舌頭、賤人閉嘴）。相較之下，男性在推特上公開發言當然也常受到批評，但批評類型卻甚少以暴力噤聲或性侵威脅的形式出現。

當代西方社會究竟為什麼會這樣對待女性言說？畢爾德將這種種西方社會中非常「今日」、非常「現在」的公共言說文化，追溯回古希臘羅馬的言說傳統。近三千年前，荷馬史詩《奧德賽》中，潘妮洛普便被初從男孩長成男人的兒子斥道：「母親，請回您的房間，從事您自己的工作，操作織布機和捲線桿吧……言說是男人的事情，所有的男人，尤其是我。」噢，當然。學會主導公共言說，並且開始壓制女人在言說裡面的角色，這在三千年前便是男孩長成男人的成年儀式。西元前四世紀，亞里斯多芬的喜劇虛構了一個關於女性管理國家的故事。毫不令人意外的，這齣喜劇的笑點恰恰在於女人無法恰當的進行公共言說，她們只能談論性事等瑣碎的話題，無法像男性一樣進行「嚴肅」、「高等」的政治對話。古典作家更是經常堅稱，女性說話的尖銳嗓音會威脅政體的穩定性。

除了女性的公共言說，本書也討論女性掌權。在今日西方，女性想要攀上權力階梯，仍然時常因為她的性別而受到阻礙。畢爾德穿梭古今，將古希臘羅馬文學中女性掌權的場景，和今日西方政治中女性掌權所遭遇的阻力關聯起來。比如希臘神話中的梅杜莎。這位強大、具有威脅性的女性的一頭秀髮，是成千上萬條蠕動的蛇。若說蛇髮再明顯不過的象徵了梅杜莎奪取陽具權力，她這位最終遭到斬首的神話女性，便是說明了女性若是敢僭越，意圖威脅到男性掌權的地位，她會遭受怎樣的下場。她的故事提醒女人應該回到自己真正所屬的地方——回到無涉權力的私領域。直至今日，梅杜莎的意象仍被當代媒體反覆挪用來嘲弄西方女性政治人物。德國總理梅克爾的頭像時常被疊在梅杜莎的頭像上。關於英國首相梅伊的漫畫中，她也常被添上梅杜莎的蛇樣長髮。美國二〇一六的總統大選中，川普的臉被鑲嵌在砍下梅杜莎頭的英雄柏修司圖像上，並一手高舉著被斬首的梅杜莎／希拉蕊合成頭像；這個圖像被製成T恤、馬克杯、電腦保護套，大量流傳。

在臺灣關注女性權益發聲的我們，時常將西方社會看作是性別平權的烏托邦。好像西方總是現代的、平權的，而亞洲是傳統的、父權的。本書為我們點出，即使是在如此「現代」的今日西方社會，傳統的、歷史之中的厭女陰魂仍然時時現身。如同畢爾德不斷強調的，本書並不是要主張數千年來公共領域中的厭女傳統從未改變。從西元前的社會至今，西方社會的女性地位當然已經大大改變，女性主義當然也已經打過無數場勝仗。然而，畢爾德提醒我們，儘管如此，性別偏見有它的歷史韌度。它穿越長長的時間隧道來到這裡。

革命尚未成功，同志仍須努力。

目次

序

西方女性有許多可以歡慶的事物，可別忘了這一點。我的媽媽出生之時，女性在英國的國會選舉當中還沒有投票權。不過，她卻在有生之年看到了女性當上首相。不論她對柴契爾夫人的觀感如何，她畢竟還是對一名女性得以入主首相官邸頗感欣慰，也頗自豪於自己和二十世紀的部分革命性變化利害攸關。不同於她先前的那些世代，她得以同時擁有事業、婚姻與孩子（對於她自己的母親而言，懷孕就必然表示她必須放棄教師的工作）。她是西密德蘭郡（West Midlands）一所大型小學的校長，治校成果頗為引人注目。我敢說，在受到她管理的那一代代學童眼中，她必定就是權力的具體化身。

不過，我媽媽也知道事情沒有那麼簡單，真正的女男平等尚未實現，而且女性雖有理由歡慶，卻也有理由感到憤怒。她一直對於自己沒能上大學深感懊悔（同時也無私地為我能夠做到這一點而欣喜不已）。她經常因為自己的觀點與意見沒能受到她希望獲得的重視程度而感到挫折。此外，她那個年代雖然沒有「玻璃天花板」這個用語，但她卻很清楚自己在職場上爬得愈高，見到的女性面孔就愈少。

本書改寫自我在二〇一四與二〇一七年承蒙《倫敦書評》（*London Review of Books*）贊助所發表的兩場講座。在準備那兩場講座的時候，我經常想到我媽媽。我想要找出方法向她解釋——同時也是向我自己以及其他數以百萬計至今仍然和我媽同樣挫折的女性提出解釋——西方文化當中有多麼根深柢固的機制，壓抑著女性發聲、拒絕認真看待她們，並且將她們切割於權力中心之外（有時真的是如此，可見後續討論）。在這個領域當中，古希臘與羅馬人的世界有助於我們對自己當今的世界獲致洞見。在壓抑女性的聲音這方面，西方文化可是已練習了好幾千年。

女性的公開發言

我要從非常接近西方文學傳統開端的一個時刻談起，那是西方文學傳統中第一個留下記載的這種例子：也就是一名男性叫一名女性「閉嘴」，對她說她不能在公共場合發表意見。我想到的是在將近三千年前出現於荷馬史詩《奧德賽》（*Odyssey*）開頭而因此永垂不朽的一個時刻。現在，我們通常習於把《奧德賽》想成是奧德修斯的壯闊故事，講述他在特洛伊戰爭後返鄉途中所經歷的種種冒險與艱辛——而他的太太潘妮洛普（Penelope）則是在數十年的時間裡忠心等待他回來，並且抵擋著熱切想要娶她為妻的追求者。不過，《奧德賽》其實也是奧德修斯與潘妮洛普的兒子忒勒馬科斯（Telemachus）的故事。這個史詩講述了他的成長過程，以及他如何由男孩成熟為男人。這個過程始於史詩中的第一卷，潘妮洛普從她的閨房下樓，走到宮殿大廳，發現一名吟遊詩人正在為她的一群追求者表演；他唱著希臘的勇士在返鄉途中遭遇的困難。潘妮洛普大感不悅，於是當著所有人的面要求他另選一首比較開心的歌曲。這時年輕的忒勒馬科斯隨即出面干預。「母親，」他說：「請回您的房間，從事您自己的工作，操作織布機和捲線桿吧……言說是男人的事情，所有的男人，尤其是我；因為我才是這個家的掌權者。」於是，潘妮洛普便回頭上樓去了。

這個乳臭未乾的小子要求處事精明而且人已中年的潘妮洛普閉嘴，略微帶有某種荒謬的色彩。不過，這個例子倒是鮮明展示了這一點：西方文化才剛開始出現書面證據，女性在公共場域就已遭到消音。不僅如此，依據荷馬所述，男人的成長過程當中有個不可或缺的要素，就是學習掌控公開言論並且壓抑女人的聲音。忒勒馬科斯實際上使用的詞語也很重要。他說「言說」是「男人的事情」，他使用的詞語是「muthos」——不是後來在英文當中演變成的「myth」（神話）那個意思。在荷馬時代的希臘文裡，「muthos」指的是權威性的公共言論，而不是一般的閒聊、瞎扯或者說長道短。畢竟，閒話家常人人都會，包括女人在內，或者說女人尤其會。

令我感興趣的是，荷馬經典作品中這個壓抑女性發聲的時刻和當代某些壓抑女性公開發聲的方式之間的關係：包括在我們的當代文化裡，還有在我們的政治中，從國會乃至工廠都是如此。以前的《笨趣》雜誌（*Punch*）曾有一則漫畫充分諧仿了這種對於女性聽而不聞的普遍現象：「崔格小姐，這項建議非常好，也許在座的男士會有人願意提出。」我想探究這種現象和許多敢於發聲的女性直到今日都還是不免遭受的惡劣對待可能有什麼樣的關係，而潛藏在我心裡的其中一個問題，就是公開發聲支持鈔票印上女性人物頭像、在推特上發布強暴與砍頭的威脅訊息，以及忒勒馬科斯奚落潘妮洛普的行為之間所存在的關聯。

在這個西元前5世紀的雅典陶罐上，潘妮洛普坐在她的織布機旁（織布是希臘家庭主婦恪守婦道的表現），忒勒馬科斯則是站在她身前。

我在本書中的目標是要以長遠的觀點——極為長遠的觀點——看待一項在文化上充滿彆扭的關係，一方是女性的聲音，另一方是演說、辯論以及評論的公共領域：也就是最廣泛定義之下的政治，包括公司委員會乃至議會的運作。我希望這樣的長遠觀點能夠幫助我們不再只是以略嫌懶惰的姿態提出「厭女症」這種簡單的診斷。當然，「厭女症」是描述這種情形的一個方法。（你如果上一個電視討論節目，事後卻收到眾多推特訊息把你的生殖器官比擬為各種令人作嘔的腐爛蔬菜，那麼實在很難找到比「厭女症」更貼切的描述方式。）不過，我們如果想要理解——並且對這種問題採取行動——女性為什麼就算沒有被迫閉上嘴巴，也還是必須為了讓自己的聲音被人聽見而付出極高的代價，就必須認知到這種問題其實比我們想像的還要複雜一點，而且背後存在一則漫長的背景故事。

「崔格小姐，這項建議非常好，也許在座的男士會有人願意提出。」

將近30年前，漫畫家芮安娜·鄧肯（Riana Duncan）呈現了委員會或董事會當中的性別歧視氛圍。只要是在會議中開過口的女性，大概都遭遇過「崔格小姐待遇」。

忒勒馬科斯的責備只是眾多這類行為的第一個案例而已。古希臘與羅馬時代可以見到一長串大致上成功的嘗試，不僅將女性排除於公共言論之外，也宣揚了這種排除做法。舉例而言，在西元前四世紀初期，亞里斯多芬（Aristophanes）以一整齣喜劇呈現女性接管國家治理工作的「爆笑」幻想。其中一部分的笑點就在於女性無法發表適當的公共言談——或者應該是說她們無法把自己私底下的談話（根據劇本的描繪，她們私下的談話主要都圍繞著性）轉換為男性政治那種崇高的用語。在羅馬時代，奧維德的《變形記》——一部關於人變化形體的非凡神話史詩（可能也是繼《聖經》之後對西方藝術最具影響力的文學作品）——一再提及女性在變形過程中遭到封口的概念。可憐的伊娥（Io）被天神朱比特變成一頭母牛，以致她無法說話，只能發出哞哞的叫聲；多話的仙女愛可（Echo）則是受罰成為回音，以致她的聲音永遠不再受到自己控制，而只是重複他人話語的工具。在瓦特豪斯（John William Waterhouse）的著名畫作裡，愛可凝望著她心愛的納西瑟斯（Narcissus），卻沒有辦法與他攀談，而納西瑟斯這個最早的自戀者，則是愛上了自己映在池水中的倒影。

西元一世紀一名認真詳盡的文集編者只找得到三個特例，也就是「先天條件未能使她們在論壇裡保持靜默的女性」。他的描述充分揭示了女性受到的看待。第一例是一個名叫梅西亞（Maesia）的女子。她在法庭裡成功為自己辯護，而且「由於她在女性的外表下其實有著男性的本質，因此被人稱為『陰陽人』」。第二例名為艾芙拉妮亞（Afrania），她習於自行提起法律訴訟，而且「厚顏無恥」的敢於親自答辯，以致所有人都對她的「狂吠」或「咆哮」厭煩不已（她仍然沒有說「人話」的資格）。我們獲知她在西元前四十八年去世，

特尼爾斯（David Teniers）在這幅17世紀的畫作中描繪了朱比特把變成母牛樣貌的伊娥交給妻子朱諾（Juno），藉此消弭朱諾的疑慮，表示自己對伊娥的興趣沒有不恰當的性意圖（實際上當然有）。

在瓦特豪斯這幅充滿夢幻色彩而引人注目的畫作裡（繪製於1903年），衣著暴露的愛可無法言語地凝望著她心愛的納西瑟斯，但那名「自戀者」卻迷上了自己在水池中的倒影。

原因是「對於這種違反自然的怪胎，比較重要的是記錄他們何時死亡，而不是何時出生」。

古典時代這種痛惡女性公開發言的態度，只有兩種主要的例外。第一，身為受害者與殉道者的女性可以發聲，通常是作為她們自身死亡的序言。早期的女性基督徒被呈現的形象，都是在被丟去餵獅子之前高聲維護自己的信仰；在羅馬初期歷史上的一則著名故事裡，品德高尚的盧克麗霞（Lucretia）遭到一個殘暴的王子強暴，於是獲得一個有臺詞的角色，目的純粹就是為了譴責那個強暴犯以及宣告她的自殺舉動（至少羅馬作家是這麼寫的：至於這件事情實際上的經過，我們根本一無所知）。不過，即便是這種悲苦的發言機會，也一樣有可能遭到剝奪。《變形記》裡的一則故事講述了少女公主菲勒美拉（Philomela）遭到強暴。為了避免出現像盧克麗霞那樣的譴責場面，強暴犯於

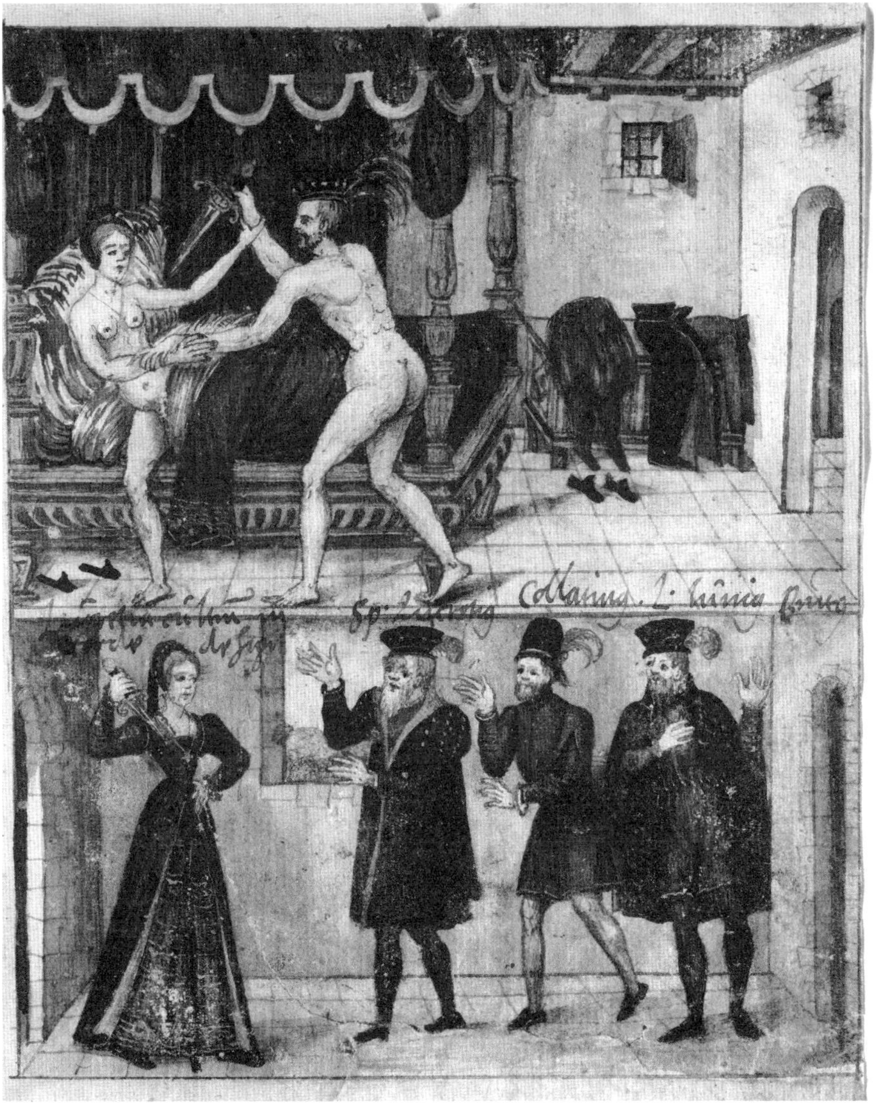

這份16世紀的手稿呈現了盧克麗霞故事當中的兩個關鍵場景。在上圖裡，塞克斯圖斯・塔克文（Sextus Tarquinius）對這位品德高尚的女子施暴（他的衣服竟然整整齊齊地掛在床邊，看起來令人深感不安）；下圖裡，身穿16世紀服裝的盧克麗霞對她的家人譴責那名強暴犯。

是割掉了她的舌頭。這項概念後來也受到莎士比亞採用於《泰特斯．安莊尼克斯》（*Titus Andronicus*），劇中拉維妮亞（Lavinia）遭到強暴之後也同樣被割掉舌頭。

第二種例外比較為人熟悉。女性偶爾可以名正言順地挺身發聲——例如為了捍衛自己的家園、子女、丈夫，或者其他女性的權益。因此，在那名羅馬文集編者提及的女性展現口才的特例當中，第三例的霍坦希雅（Hortensia）並未遭到譴責，因為她是為羅馬的女性（而且只有女性）扮演發言人的角色，原因是羅馬女性遭到課徵一種特殊財產稅以資助一場必要性引人懷疑的戰爭。換句話說，女性在極端處境下可以公開捍衛自己的群體利益，但不能為男性或整體社群發聲。一般而言，如同一名西元二世紀的宗教領袖所說的：「女人應以端莊的姿態避免將自己的意見暴露在外人面前，就像她們絕不會在外人面前脫衣

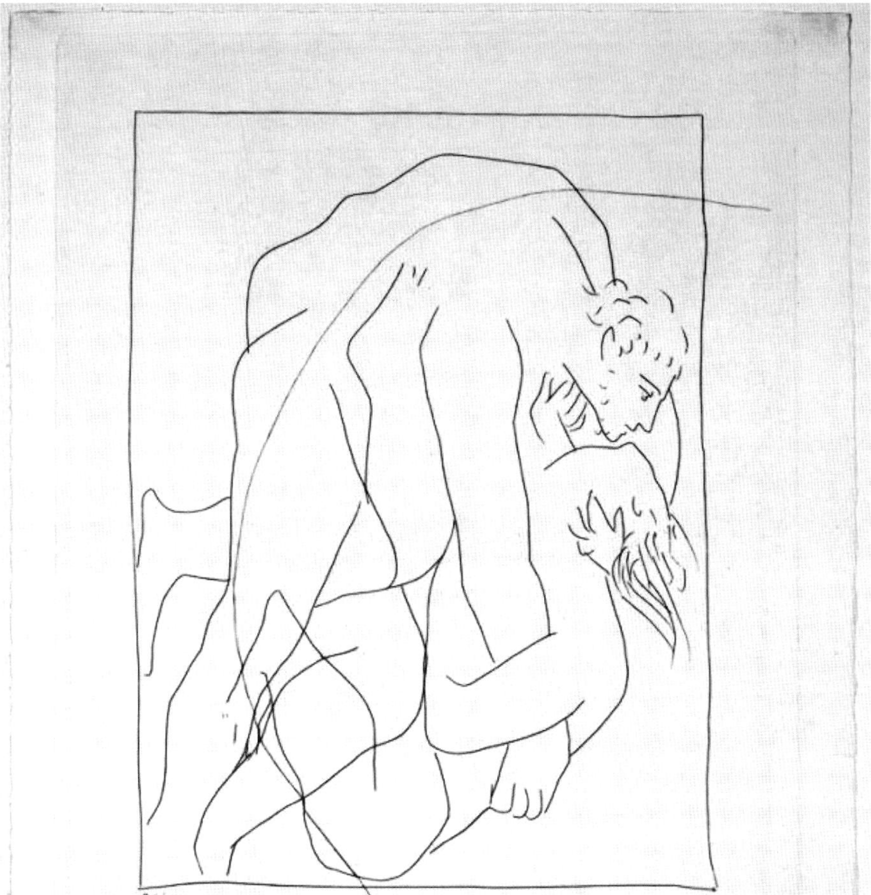

畢卡索根據泰諾斯（Tereus）強暴菲勒美拉的故事在1930年繪製的
畫作。

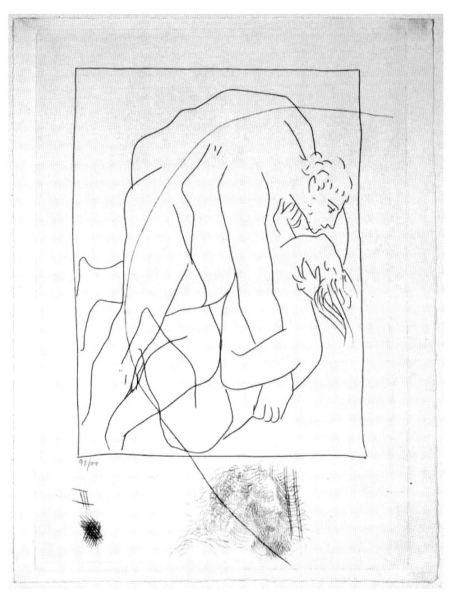

一樣。」

不過，除了表面所見之外，這一切還有更進一步的影響。這種「靜默」不僅反映了女性在古典時代整體上缺乏權能的現象——沒有投票權，以及有限的法律和經濟獨立地位等等——同時也是那種現象的其中一部分。古代的女性在她們沒有正式利害關係的政治領域裡顯然不太可能會開口發言，但我們面對的是一種更加積極而且偏倚地將女性排除於公共發言之外的態度，而且造成的衝擊也遠大於我們在自己對於女性發聲的傳統、習俗與假設當中所習於承認的程度。我的意思是，公開發言與演說不僅僅是古代女性沒有做的事情，而且是界定了男性這種性別的專屬實踐與技能。如同我們在忒勒馬科斯身上看到的，成為男人（至少是菁英階層的男人）就是主張發言的權利。公共發言是男性的一種決定性特質——甚至可以說是唯一的決定性特質。或者，引用一句廣

霍坦希雅也收錄在薄伽丘的《列女傳》（*Famous Women*）當中。在這部15世紀末的版本裡，她被描繪成15世紀女性的模樣，毫不畏縮地引領著她那群女性追隨者找上羅馬官員。

為人知的羅馬口號，菁英男性公民可以以這句話概括描述：「vir bonus dicendi peritus.」（一個正直的人，善於言語）。在大多數情況下，女人如果在公共場合中發言，那麼依照定義而言她就不是女人。

古代文學當中一再強調低沉的男性聲音所帶有的權威性，和女性的聲音恰成對比。如同一部古代科學著作明確指出的，低沉的嗓音代表男子漢的勇氣，高尖的嗓音則代表女性的膽怯。其他古典作家堅稱女性發言的語調和音色總是構成顛覆的威脅，不只可能會顛覆男性演說者的意見，也可能會顛覆整個國家的社會與政治穩定以及健全性。西元二世紀有一名演說家暨知識分子，他的姓名頗具揭示性，叫做狄奧・克里索斯托（Dio Chrysostom；字面意義為狄奧「金口」）。他請他的聽眾想像這麼一種情境：「整個社群發生了這種古怪的狀況：所有男性說起話來都突然變成女性的嗓音，沒有一名男性——不管是兒童還是成人——能夠以具有男子氣概的方式說話。這種情形看起來難道不會比任何瘟疫都可怕而且難以忍受嗎？我敢說他們一定會派人到一座聖殿去請教眾神，並且以許多祭禮安撫神聖力量。」他不是在開玩笑。

這不是某種遙遠的文化帶有的古怪意識形態。這種性別差異言說的傳統——以及對於性別差異言說的理論化——雖然在時間上也許距離我們相當遙遠，但我要強調的是我們至今仍然直接（更多時候是間接）承繼了這項傳統。但也不要過度誇大。西方文化並不是一切都承襲自希臘人與羅馬人，不管是在言說還是其他任何事物上（謝天謝地，我們絕對沒有人會想要活在希臘羅馬式的世界裡）。我們受到各式各樣相互競逐的不同因素影響，而我們的政治制度也欣然推翻了古代許多確立無疑的性別差異現象。然而，我們本身的辯論與公共發言傳統，以及其習俗與規則，仍然深受古典世界影響。形成於文藝復興時期的現代修辭與說服技藝，即是明確取自古代的演說與指導手冊。我們使用的修辭分析用語也可直接追溯到亞里斯多德與西塞羅（在川普的時代之前，一般人常說歐巴馬——或是他的演說寫手——最傑出的演說技巧都是學自西塞羅）。十九世紀那些設計或者確立了英國下議院大多數議會規則與程序的紳士，就是成長於我剛剛引述的那些古典理論、口號與偏見當中。我要再次強調，我們不只是單純遭到那些古典傳承的傷害或欺騙，古典傳統也為我們提供了一個極為有效的模板，可讓我們思考公共發言，並且決定演說的好壞、是否具有說服力，以及應該給予誰的言論讓人聽到的發表空間。而性別無疑是這些判斷當中的一個重要部分。

只要稍微一瞥現代西方的演說傳統——至少截至二十世紀為止——即可看見我凸顯的許多古典主題一再出現。要求公開發聲的女性總是被視為怪異的陰陽人，就像在法庭上為自己辯護的梅西亞；而或者，她們也顯然這麼看待自己。明顯可見的一個案例，就是伊莉莎白一世在一五八八年面對西班牙無敵艦隊之時，在提爾伯里（Tilbury）向部隊發表的那場充滿鬥志的演說。我們許多人都在學校裡學過這場演說的內容，她在其中顯然積極承認了自己雌雄同體的特性：

我知道我的身體是個軟弱無力的女人，但我卻擁有國王的心性與抱負，而且還是英格蘭的國王。

要求小女孩學習這句口號實在有些奇怪。不過，事實是伊莉莎白一世可能從來沒說過任何類似的話語。歷史沒有留下她親手撰寫或是由她的演說寫手撰寫的演講稿，也沒有目擊者留下的陳述，當前的權威版本則是出自一封將近四十年後的信件，寫信的人更是一名不可靠的評論者，別有自己的意圖。然而，這項演說可能出自虛構，對於我撰寫本書的目的而言卻是更符合所需：其中一項耐人尋味的轉折，就是那個男性寫信人把雌雄同體的吹噓話語（或者招認）放進了伊莉莎白自己的口中。

廣泛看待現代的演說傳統，我們也會發現女性同樣只有在特定領域裡才能夠公開發言，不論是為了支持她們自己的群體利益，還是為了展示自己遭受的傷害。你要是在「史上百大演說」這類奇特的選輯當中找尋女性的貢獻，就會發現大部分受到凸顯的內容，從英國婦女參政運動領袖艾米琳・潘克斯特（Emmeline Pankhurst）乃至希拉蕊・柯林頓在北京的聯合國婦女大會致詞，都是關於女性的命運。在所有女性演說中大概可以算是最常受到編選的一個

這幅伊莉莎白女王在提爾伯里的圖畫，經常翻印於19世紀的英國學校教科書裡。女王身上穿著精緻飄逸的服裝，周圍完全環繞著男人——還有長矛。

例子，是曾為奴隸的廢奴主義者暨美國女權運動者索傑納・特魯斯（Sojourner Truth）在一八五一年發表的〈我難道不是女人嗎？〉（Ain't I a Woman?），而這項演說談的同樣也是女性的命運。「我難道不是女人嗎？」據說她當時這麼表示：

> 我生了十三個孩子，看著他們大部分都被賣為奴隸。我以母親的悲痛號哭出聲，除了耶穌根本沒人理會！而我難道不是女人嗎……

我應該指出，這段話雖然深富影響力，其虛構程度卻只略低於伊莉莎白的提爾伯里演說。我們熟知的這個權威版本是在特魯斯那場演說過了十年左右之後才寫出來的。現在為人熟知的這個重複語句並非出自她的口，而是被添加進去，而且她的話語也全部被改寫為帶有南方口音的英文，藉此呼應其中傳達的廢奴訊息——儘管她本身出身自美國北方，從小說荷語長大。我不是說女性為了支持女性議題而發聲的做法不重要（畢竟，總得有人要為女性發聲）；但長久不變的是，女性的公共發言在數百年來一直都被局限在那個領域裡。

此外，就算是在那個領域中，女性也不一定都能夠獲得發言的許可。其實像忒勒馬科斯那樣試圖將女性徹底排除於公共論述之外的做法，有無數類似的例子。一個惡名昭彰的近期案例，就是美國參議院禁止參議員伊莉莎白・華倫（Elizabeth Warren）唸出科麗塔・史考特・金恩（Coretta Scott King）所寫的一封信❶，而且還將她排除於辯論之外。我猜應該沒幾個人對於參議院的辯論規則熟悉得能夠知道這項禁令在形式上有多麼充分的理由，但那些規則卻沒有阻止伯尼・桑德斯（Bernie Sanders）及其他參議員唸出同一封信（不可否認的

在這張拍攝於1870年代的照片裡，年過70的索傑納．特魯斯被呈現出來的模樣絲毫沒有任何激進色彩，而是個頗為平靜端莊的老太太。

是，他們是為了展現對她的支持而這麼做），而且他們也沒有因此遭到議會排除。

在文學上也有令人不安的例子。亨利・詹姆斯（Henry James）出版於一八八〇年代的小說《波士頓人》（*Bostonians*）當中，其中一個主題就是維倫娜・塔蘭（Verena Tarrant）這名年輕的女權運動者暨演說者遭到封口的情形。隨著她與她的追求者巴索・蘭森（Basil Ransom），詹姆斯強調這個男人擁有低沉厚

---

❶編注：川普上任後提名塞辛斯（Jeff Sessions）任司法部長。針對此事，華倫在二〇一七年二月七日朗誦的該信件內容，為科麗塔反對塞辛斯受提名阿拉巴馬州聯邦地方法院法官時，指控塞辛斯任該州檢察官時牽涉的種族歧視舉措。共和黨參議員麥康諾（Mitch McConnell）聲稱華倫朗誦信件的舉動違反了參議員不可於議場辯論中暗示其同僚有罪的規定，而另有一說桑德斯等人之所以能在二月八日於議場上朗誦同一封信，是因為於二月九日就任司法部長的塞辛斯，當時已非參議員身分。

實的嗓音）愈來愈親近，卻發現自己愈來愈難像以往那樣在公共場合中發言。蘭森有效地將她的聲音重新拉回私領域裡，堅持她只能對他說話。「把你撫慰人心的話語保留給我，」他說。小說中難以看出詹姆斯本身的立場——可以確定的是讀者不會對蘭森產生好感——但在散文裡，詹姆斯明白展現了自己的態度。他提及女性發言對社會造成的污染、感染以及破壞效果，而且使用的詞句簡直可以說是出自西元二世紀羅馬人的文筆（那些散文的內容也幾乎可以確定有一部分是源自古典文獻）。他堅決指出，在美國女性的影響下，語言恐將淪為「泛泛的胡言亂語，一種沒有舌頭的唾沫橫流或者咆哮嘀咕」；那樣的語言聽起來將會像是「牛的哞吼、驢的啼鳴，以及狗的吠叫」。（請注意，這些文字呼應了被割掉舌頭的菲勒美拉、變成母牛的伊娥所發出的哞哞叫聲，以及女性演說家在羅馬廣場上的狂吠。）詹姆斯並不孤單。在當時一場算得上是為美國言語追求適當標準的運動當中，其他當代著名人士雖然讚揚女性的聲音在家庭裡的甜美歌唱，卻澈底反對女性在外界發聲。此外，也有許多人怒斥女性在公共發言中表現出來的「尖細鼻音」，以及她們「有如鼻塞的抽吸氣音，還有嘀咕與嘶鳴」。詹姆斯再度指出：「為了我們的家園，我們的子女，我們的未來，我們的國家榮譽，切勿讓我們有那樣的女人！」

當然，我們現在已不會使用這樣的直白用語，至少是沒有那麼直白。這套認為女性整體上都不適合公開發言的傳統觀點——這套觀點的基本特質可以追溯至兩千年前——其中的許多面向至今仍然深深影響著我們本身對於女性的公共發言所懷有的假設以及彆扭姿態。以我們至今仍然採用的，對女性言語的聲音的描述用語為例，這些用語其實和詹姆斯或者那些自以為是的羅馬人所使用的說法沒有太大差異。女性如果提出公共論述、為自己辯護，或者不平而鳴，我們都怎麼說她們？「咄咄逼人」；她們「牢騷不停」而且「埋怨不休」。我曾在網路上收到一串對於我的生殖器特別惡毒的評論留言之後，發表了一則推特訊息（我自認為這項舉動還滿有勇氣的），指稱那一切實在有點令人「瞠目結舌」。後來一本主流英國雜誌當中的一名評論員這麼報導了這起事件：「那種厭女症的表現實在令人『瞠目結舌』，她埋怨（whined）指出。」（就我在谷歌上粗略搜尋的結果，這個國家裡唯一和女性一樣這麼常被安上「埋怨」一詞的另一個族群，就是英格蘭足球超級聯賽當中因為連續輸球而惹人厭惡的球隊經理。）

這些詞語重要嗎？當然重要，因為這些詞語構成了一套慣用語，目的在於消除女性話語中的權威、力量，甚至是幽默。這套慣用語有效地將女性的定位再度移回了家庭領域（一般人會為了洗碗盤這類事情而「發牢騷」）；這套慣用語貶低了女性的話語，或是將其「重新拉回私領域裡」。與此相對的則是「嗓音低沉」的男人，其中「低沉」這個簡單的字眼就可令人聯想到各種高深的特質。至今仍然不變的是，聽者如果聽到女性的聲音，並不會覺得那個聲音帶有權威性，或者也許該說他們還沒學會如何聽出其中的權威性；他們不會聽到「muthos」。而且不只聲音是如此：你還可以加上充滿風霜或者滿布皺紋的面孔。這樣的面孔在男人身上代表成熟的智慧，在女人身上則是代表「過了最佳賞味期限」。

此外，聆聽者通常也不認為女性的聲音代表專業；至少在女性群體利益的傳統領域以外是如此。對於一名女性國會議員而言，擔任婦女大臣（或者教育或衛生大臣）與擔任財政大臣是非常不同的兩回事——英國至今還沒有女性擔任過財政大臣。此外，我們也到處都可以看見對於女性侵入傳統男性論述領域的強烈抗拒，不論是賈姬．奧特利（Jacqui Oatley）因為敢於從籃網球（netball）球評轉任《今日賽事》節目（*Match of the Day*）的第一位女性評論員而遭到的辱罵，還是《問答時刻》（*Question Time*）這個以討論主流「男性政治」議題為主的節目對待女性來賓的方式。也許不令人意外的是，指控我「埋怨」的那名評論者聲稱自己主辦了一場「小巧輕鬆」的競賽，目的在於選出「《問答時刻》最愚蠢的女性來賓」。更引人注意的是這一點揭露的另一項文化關聯：不受歡迎、具有爭議性或者只是純粹不同的觀點一旦由女性提出，就會被視為代表了她的愚蠢。重點不在於你不同意她的看法，而是在於她是個笨蛋：「對不起，親愛的，妳就是不懂。」我已經數不清自己有多少次被人罵「無知的白痴」。

這些態度、假設與偏見都深植於我們之中：不是在我們的大腦內（我們認

賈姬．奧特利在2016年獲頒榮譽學位。她在2007年開始擔任《今日賽事》節目評論員的時候，曾經引發一陣批評。一人指出，她的出現對於男性「平實沉穩的評論造成侮辱」；另一人說：「我會轉台。」

為低沉的嗓音比尖高的嗓音更有權威，並沒有神經學上的理由），而是在我們的文化、語言以及數千年的歷史當中。我們如果要思考女性在國家政治當中代表不足而且在公共領域裡相對靜默的情形，就不能只是把注意力放在有些著名英國政客及其狐群狗黨在牛津布靈頓俱樂部（Bullingdon Club）❷的恣意妄為，或是英國國會裡的不良行為以及男性文化，或甚至是迎合親子需求的上班時間以及兒童托育服務（儘管這些措施非常重要）。我們必須聚焦於更加根本的議題，也就是我們如何學習對於女性意見的聆聽方式，或是我所謂的「崔格小姐問題」（回想一下《笨趣》雜誌裡的那則漫畫）。不只是關注女性如何能夠插上話，而是我們如何能夠讓自己更清楚意識到那些促使我們不聆聽女性發言的程序和偏見。

這種聲音與性別的議題也存在於網路小白的問題以及在線上傳播的敵

意——包括辱罵乃至死亡威脅。我們應該小心謹慎，避免對網路較為惡劣的那一面做出太過自信的概括性推論。那一面會以許多不同型態出現（舉例而言，在推特上的呈現方式就與報紙評論區大不相同），而且犯罪性的死亡威脅又與純粹令人「不悅」的性別歧視辱罵全然是兩回事。各式各樣的人都可能成為攻擊對象，包括青少年死者的父母乃至許多不同種類的「名人」。明白可見的是——儘管確切估計數字高低有別——犯下這類行為的男性遠多於女性，而且那些內容攻擊女性的頻率也遠高於男性。不論我的經驗是否有參考價值（我的

❷ 編注：牛津大學的全男性社團，起先以板球、賽馬運動為主軸，後來因為其集體活動時行徑張狂、常破壞公物而惡名昭彰。其入會費用昂貴，成員多為富家子弟，有許多成員是皇室成員，也有許多成為政商界名人，包括前任英國首相卡麥隆（David Cameron）、前英國外相強生（Boris Johnson）。

遭遇和有些女性相比實在是遠遠不及），我每次只要上電台或電視發言，就會收到也許可以委婉稱為帶有「不適當敵意」的回應——也就是說，那些回應超越了合理批評或合理憤怒的程度。

我相信這種辱罵背後的驅動力有許多不同因素。有些出自孩子的搗亂，有些出自喝醉的酒鬼，有些則是出自一時失去了內在抑制能力的人（這種人在事後通常會充滿歉意）。這些人與其說可惡，其實更多是可憐。在我心情好的時候，我認為寫下這類訊息的人有許多都是出於失望，因為他們發現像推特這樣的工具宣揚的民主承諾其實無從實現。按理說，這些工具應當可讓我們直接接觸當權者，並且展開一種新式的民主對話。然而，實際上卻不是這麼一回事：我們如果發推特訊息給首相或者教宗，就和寄信給他們一樣完全不會被閱讀——而且，在大部分的情況下，首相名下的推特根本也不是由首相自己撰寫訊息。她／他怎麼可能花時間寫那種東西？（不過，我對教宗就不是這麼確定了。）我猜有些辱罵是對那些虛偽承諾感到沮喪之餘而發出的抗議，因此以易於欺負的傳統目標（「多話的女人」）為攻擊對象。別忘了，女性不是唯一可能會覺得自己「無聲」的族群。

不過，我愈是檢視女性受到的威脅與侮辱，愈覺得看起來和我提及的那些古老模式相當吻合。首先，身為女性，妳採取什麼立場並沒有太大的差別；妳只要踏進傳統的男性領域，就一定會遭辱罵。引發那些辱罵的重點不是妳說了什麼，而是純粹因為妳張開了嘴巴講話。這點也合乎那些威脅的細節，其中包括了各種可想而知的俗套，諸如強暴、炸彈、謀殺等等（我這麼寫也許顯得頗為輕鬆，但在夜裡收到這種威脅還是非常恐怖）。不過，其中有頗為重要的一部分乃是以壓抑女性的聲音為目的。相當常見的一句話是：「賤人，閉嘴。」

要不然，就是誓言消除女性的言語能力。我收過的一則推特訊息寫著：「我要把妳的頭砍下來強姦。」一名美國記者的威嚇者選取的推特名稱則是「無頭母豬」。另外還有一名女性收到的推特訊息寫著：「應該要拔掉妳的舌頭。」

這種凶暴的做法，目的就是在於將女性排除於男性的發言領域。看著這些瘋狂的推特謾罵（大部分的那些推特訊息正是如此），實在很難不聯想到下議院的男性議員大聲干擾女性發言以致別人根本聽不見她們說話內容的行為。（據說在阿富汗的國會裡，他們只要不想聽女性發言，就會把麥克風關掉。）反諷的是，女性遭受這種待遇之時，她們經常得到的一項善意忠告卻正好會帶來那些辱罵者想要的結果：也就是女性的緘默。別人會告訴妳：「不要批評那些辱罵者，不要讓他們受到注意；他們要的就是妳的注意。只要默默『封鎖』他們就好了。」這種說法，正是重現了女性在過去經常得到的那種「閉上嘴巴多忍耐」的忠告。而且，採取這種做法還有一種危險，就是那些惡霸占據遊樂場的行為不會受到任何挑戰。

「有什麼實際有效的解決方案？」這項診斷實在沒什麼用。如同大多數的女性，我也希望自己知道這個問題的答案。不論在什麼地方，只要有一群女性朋友或同事，她們就一定會經常討論「崔格小姐問題」的日常生活面向，不管是在辦公室、會議室、議會廳、研討會還是下議院當中。我要怎麼讓人聽見我的論點？我要怎麼讓人注意到我的意見？我要怎麼成為討論的參與者？我相信有些男性同樣也有這樣的感覺，但如果說有什麼東西能夠把各種不同背景的女性連結在一起，不論她們的政治立場以及從事的行業，那必定是干預失敗的典型經驗。妳在一場會議上，妳提出一項論點，接著是短暫的靜默，然後過了尷尬的幾秒鐘之後，某個男性與會者又接續了他剛剛說的話：「我剛剛說的是……」妳開口的結果簡直和沒開口一模一樣，結果妳只能怪罪自己和那些男性，因為那項討論顯然是他們專屬的俱樂部。

成功讓自己的意見獲得聆聽的女性，經常都是採取了某種「陰陽人」式的做法，就像法庭裡的梅西亞或者提爾伯里的「伊莉莎白」，刻意模仿男性修辭的若干面向。當初柴契爾夫人特地接受降低音調的嗓音訓練，就是因為她的顧問認為她尖高的嗓音缺乏權威。這項做法如果確實有效，那麼加以指責也許有點說不過去。然而，所有的這類手法通常都會讓女性覺得自己仍然是外人，假冒著她們不覺得屬於自己的修辭角色。講白了，由女人裝成男人的模樣也許是有效的權宜之計，卻沒有觸及問題的核心。

我們必須對我們修辭運作的規則從事更根本的思考。我指的不是「男人和女人說的畢竟是不同的語言」這種陳腔濫調（如果真是如此，那一定是因為他們被教導了不同的語言）。而且我的意思也絕對不是提議採取「男人來自火星，女人來自金星」的那種大眾心理學論點。我的直覺是，我們如果要在「崔格小姐問題」上真正有所進展，就必須回歸話語權威本質的若干基本原理，包括權威由什麼構成，而我們又如何學會在特定的地方聽出權威。與其推促女性接受嗓音訓練，藉此獲得低沉渾厚而且全然假造而成的說話音調，我們應該更進一步思考潛藏在主導性的男性論述背後的斷層線與裂縫。

在這方面，希臘人與羅馬人同樣又是我們相當有用的參考對象。古典文化雖然確實必須為我們在公共言說當中鮮明的性別差異假設——亦即男性的「muthos」與女性的緘默——負起部分責任，有些古代作家對於這些假設的省思卻也遠遠比我們更加深入：他們以顛覆性的觀點察覺到這些假設攸關哪些問題，也困擾於這些假設的簡單性，並且隱隱提及對這種假設的反抗。奧維德也

在愛德華·伯恩瓊斯（Edward Burne-Jones）繪製於1896年這幅深具「中世紀」風格的畫作當中，無法說話的菲勒美拉將自己遭到強暴的遭遇織入了她身後的那塊布裡。

許以誇大的手法描寫了女性在變形或慘遭殘害的過程中受到封口的情形，但他也指出溝通可以超越人類的語音，而且女性並沒有那麼容易被封口。菲勒美拉雖被割掉舌頭，卻還是藉著將這項遭遇織入一條繡帷的圖案當中譴責了她的強暴犯（這就是為什麼莎士比亞筆下的拉維妮亞不但被割了舌頭，連雙手也被砍掉）。最明智的古代修辭理論家都願意承認，最頂尖的男性演講說服技術，其實和女性的誘惑技藝（根據他們的認定）具有令人不安的近似性。如此一來，演說能力是否真的安然專屬於男性所有呢？他們不禁感到擔憂。

一則特別血腥的軼事鮮明揭露了潛藏在古代公共生活與言說表面下那場尚無結果的性別戰爭。凱撒於西元前四十四年遭刺之後的羅馬內戰期間，羅馬世界史上最強而有力的公共演說家暨辯論家西塞羅遭私刑處死。殺害他的那個暗殺小組得意洋洋地將他的頭顱與雙手帶到羅馬，釘在羅馬廣場內的演講台上示

1880年代，斯維多姆斯基（Pavel Svedomsky）繪製了這幅帶有令人毛骨悚然的情色意味的畫作，只見福爾維婭洋洋自得地看著西塞羅的頭顱——她在此處顯然是將那顆頭顱帶回了家裡。

眾。曾經遭西塞羅若干最尖銳言論傷害的福爾維婭（Fulvia）——也就是安東尼的夫人——據說也跟去看熱鬧。她一看見西塞羅的屍骸，隨即拔下頭上的髮簪，不斷反覆刺入西塞羅的舌頭。在這幅令人不安的意象當中，髮簪這種典型女性飾品被當成了武器，用於攻擊男性言說的產生處，而這與菲勒美拉的故事恰成對比。

我在此處要指出的是古代一種至關緊要的自覺傳統：這種自覺不是直接挑戰我所概述的那種基本模板，而是決意揭露其中的衝突與矛盾，並且對言說的本質與目的提出更大的問題，不論是男性還是女性的言說。我們也許應該參考這種做法，而嘗試將我們傾向於擱置不談的那些問題帶上表面，包括我們在公共場合中怎麼發言，以及哪些人適合發言，又是為什麼。我們需要的是某種喚起知覺的老式做法，針對的是我們所謂「權威的聲音」是什麼意思，以及我們如何建構出這種概念。我們必須先釐清這些問題，才有可能知道我們這些現代的潘妮洛普能夠怎麼回答現代的忒勒馬科斯——或者乾脆決定借給崔格小姐幾枝髮簪。

掌握權力的女性

夏洛特・吉爾曼（Charlotte Perkins Gilman）在一九一五年出版了一部逗趣又令人不安的小說，書名為《她鄉》（*Herland*）。如同書名所暗示的，這是一則幻想故事，講述一個在地球上某個尚未受到探索的偏遠地區存在了兩千年之久的女人國。那些女人生活在一個美妙的烏托邦裡：整齊潔淨，充滿合作與和平——就連貓咪都不再殺害鳥兒——而且一切都安排得極為完善，包括永續的農業與美味的食物，乃至社會服務與教育。這一切全都仰賴於一項奇蹟似的創新。在這個國家成立之初，其開國之母不曉得怎麼發展出單性生殖的技術。實際的細節不太明確，但總之這個國家的女人只會生下女嬰，而且整個過程也完全不需要男人參與。她鄉沒有性行為。

這部小說的故事主軸是三名美國男性發現她鄉之後，在這個世界引發了騷動。這三個男人分別是性情和善的敘事者范戴克・簡寧斯（Vandyck

《她鄉》的這個封面確切呈現了吉爾曼這部小說中那種奇特的烏托邦幻想——同時也帶有20世紀初的種族歧視與優生學元素。

Jennings）、習於殷勤對待女性卻無力招架那麼多女人的傑夫・馬格雷夫（Jeff Margrave），以及壞到骨子裡的泰瑞・尼科森（Terry Nicholson）。他們剛抵達她鄉的時候，泰瑞拒絕相信這個國家裡完全沒有男人在幕後操控。畢竟，女性有可能主導任何事物嗎？他後來不得不接受女性確實是這個國家的主導者，於是認定她鄉需要的乃是一點性行為以及男性的支配。故事的結尾是泰瑞有一次在臥房裡企圖掌握支配性的做法惹出大禍，而因此遭到驅逐出境。

這部小說充滿了各種反諷。吉爾曼設計的一項貫串全書的笑話，就是那些女人根本沒有認知到自己的成就。她們獨力創建了一個優異的國家，大可為此深感自豪，但一遇到那三個不請自來而且介於孬種與人渣之間的男性訪客，她們卻傾向於順從對方的能力、知識與專業。而且，她們也對外面的那個男性世界略感驚奇敬畏。她們雖然建立了一個烏托邦，卻以為自己搞砸了一切。

《她鄉》指出了更大的問題，那就是關於我們怎麼認知女性權力，關於我們在這方面告訴自己的那些引人發笑又令人害怕的故事——而且我們對自己講述這種故事已有數千年之久，至少在西方是如此。我們學到以什麼樣的方式看待那些行使權力或者試圖行使權力的女性？政治與職場當中的厭女症有什麼文化基礎，又有哪些型態（什麼種類的厭女症，以什麼東西或什麼人為目標，使用哪些詞語或意象，而且造成什麼樣的後果）？我們腦中對於「權力」（或者「知識」、「專業」與「權威」）所帶有的傳統定義如何排除了女性，又為何如此？

所幸，現在身處於大概所有人都能夠一致同意是「權高勢大」的地位的女性，人數已比十年前還多，更遑論是十五年前。不論她們是擔任政治人物、議員、警察局長、經理人、執行長、法官還是其他職務，女性仍然明顯是少數——但畢竟已經比以前多。（舉一個數字為例，英國的國會議員在一九七〇年代約有百分之四是女性，現在則是達百分之三十左右。）不過，我的基本前提是，我們在心理與文化上的權勢人物模板至今仍然堅決不變地維持著男性的形象。我們如果閉上眼睛，試圖想像出一位總統或者一位教授（就當前的知識經濟而言），大多數人想像出來的絕對不是一名女性。而且，就算你本身是女教授，結果也一樣會是如此：這種文化刻板印象極為強烈，以致我在閉上眼睛想像的情況下，也還是難以想像自己或是某個像我一樣的人身處於我的角色。我在英國谷歌的圖片搜尋當中輸入關鍵字「卡通 教授」，在我得到的前一百個搜尋結果當中，只有神奇寶貝牧場的荷莉教授是女性。之所以輸入「卡通教授」，是為了確保我搜尋到的結果會是想像中，也就是文化模板中的形象，而不是真實生活中的教授；此外，之所以特別在「英國」谷歌搜尋，則是為了

排除美國對於「教授」一詞略帶不同的定義。❶

從另一個方向來說，這結果就是因為我們欠缺握有權力的女性看起來會是什麼樣貌的模板，頂多只認為這麼一名女性看起來會像是男人。梅克爾到希拉蕊等眾多西方女性政治領袖穿著的正式長褲套裝，或者至少是長褲，也許是一種方便而且實用的服裝選擇；這樣的打扮也許代表她們不願像許多政治人物的妻子那樣淪為服裝展示架，但這種裝扮卻也是一項簡單的手法——就像降低音調一樣——目的在於讓女性顯得比較像是男性，藉此迎合權力的形象。伊莉莎白一世（或是那個發明了她那場著名演說的人）當初聲稱自己擁有「國王的心性與抱負」，就是對這場遊戲懷有明確的認知。此外，女星瑪莉莎・麥卡錫

❶編注：英國的教授（Professor）相當於美國的講座教授（Chair Professor）。

（Melissa McCarthy）在《週末夜現場》節目上諧仿前白宮新聞秘書尚恩・史派瑟（Sean Spicer）的短劇之所以具有絕佳的效果，也正是因為女性與權力絕緣的觀念。據說這些短劇比其他大多數嘲諷政府的節目更令川普總統感到惱怒，而根據「接近總統的消息人士」指出，原因是「他不喜歡自己的手下顯得軟弱」。解譯這句話實際上的意思，就是他不喜歡自己手下的男性受到女性諧仿或者被當成女性諧仿。雌性的性別即是軟弱的代表。

由此可見，女性仍然被視為在權力以外。我們可能真心希望她們進入權力的場域，也可能藉由若干經常出於潛意識的做法，而在女性成功進入權力場域後將她們貼上闖入者的標籤。（我還記得以前劍橋大學大多數學院裡的女廁都相隔兩座庭院，而且必須穿越過道並且走下樓梯才能在地下室找到：我不禁納悶這種安排是不是傳達了某種訊息。）不過，我們用於描述女性獲取權力的隱

梅克爾與希拉蕊一致穿著女性政治人物的制服。

喻——「敲開大門」、「闖進要塞」、「打破玻璃天花板」，或者單純幫助她們「往上爬」——都在所有面向上凸顯了女性身在局外的特性。掌權的女性被視為打破了障礙，或是奪取了某種不是屬於她們的東西。

《泰晤士報》二〇一七年初的一則新聞標題充分呈現了這一點。在一則提及女性可能在不久之後當上倫敦警察廳總監、英國廣播公司單一董事會的董事長以及倫敦主教等職務的報導文章上方，只見標題寫著：「女性即將在教會、警方與英國廣播公司奪權。」（結果這三項預測只有一項實現，也就是克芮希妲・迪克〔Cressida Dick〕獲任命為倫敦警察廳總監。）當然，標題編寫者的任務就是要攫取目光，但儘管如此，把一名女性可望擔任倫敦主教稱為「奪權」——而且成千上萬的讀者看到這個標題也絲毫不覺得有任何不妥——即是一個確切的徵象，顯示我們必須以更加仔細的態度檢視我們對於女性和權力的關係所懷有的文化假設。職場托兒所、迎合親子需求的上班時間、師徒方案以及各種實用措施都具有重要的賦能效果，但在我們必須採取的做法當中只是一部分而已。我們如果要讓女性這整個性別——而不是只針對其中幾個富有決心的個人——在權力結構當中占有地位，就必須更努力思考我們怎麼會採取當前這樣的思考方式，又為什麼會採取這樣的思考方式。如果有一套對女性消權的文化模板，那麼這套模板究竟是什麼，又是來自何處？

這時候，一種有用的做法也許是開始思考古典世界。我們至今仍然持續使用古希臘時代的用語指涉女性握有權力以及缺乏權力的概念，不但頻率比我們意識到的還高，而且使用方式有時候也頗為令人震驚。乍看之下，希臘的神話與故事裡有著為數眾多富有權勢的女性人物。但在真實生活中，古代的女性卻沒有正式的政治權利，也幾無經濟或社會獨立性；在某些城市裡，例如雅典，

「可敬」的菁英階層已婚婦女極少在家門外露面。不過，雅典的戲劇以及整體的希臘想像力卻為我們提供了一系列令人難忘的女性：美狄亞（Medea）、克呂泰涅斯特拉（Clytemnestra）、安蒂岡妮（Antigone），以及其他許多的例子。

不過，這些女性並不是模範——遠非如此。她們大部分都被描繪為權力的濫用者，而不是使用者。她們以不正當的方式奪取權力，因此造成混亂、國家分裂，最後導致死亡與毀滅。她們是駭人的混合體，以希臘標準而言根本不算女人。此外，她們的故事當中都有一項不變的邏輯，就是她們必須被消權（disempowered）而讓她們明白自己的地位。實際上，就是因為希臘神話裡的女性在掌握權力之後屢屢造成混亂，所以為她們在現實生活中被排除於權力之外的現象賦予了正當性，也為男性的統治賦予了正當性。（我不禁認為，吉爾曼描寫她鄉的女人以為自己搞砸了一切，其實就是對這種邏輯的略微諧仿。）

回顧現存最早的一部希臘劇本——埃斯庫羅斯（Aeschylus）的《阿伽門農》（*Agamemnon*），首演於西元前四五八年——你就會發現其中的反英雄女主角克呂泰涅斯特拉以駭人的方式體現了那種意識形態。劇中，她因為丈夫出外參與特洛伊戰爭而成為城邦的實際統治者，也因此不再是女人。埃斯庫羅斯一再以男性用語以及富有男性色彩的語言描述她。舉例而言，她的性格在劇本一開頭就被描述為「androboulon」——這個字眼很難確切翻譯，但意思差不多是「帶有男人般的目的」或者「思考方式有如男人」。當然，克呂泰涅斯特拉以不正當方式攫取的權力也使用在破壞性的目的上，阿伽門農回家之後，她在他沐浴之時謀害了他。直到克呂泰涅斯特拉的子女共謀殺她之後，父權秩序才告恢復。

雷頓（Frederic Leighton）在19世紀末為克呂泰涅斯特拉繪製了一幅形象莊嚴的畫像，其中也凸顯了她男性化的一面，包括粗厚的手臂以及中性的服裝。

亞馬遜女人這個虛構種族的故事當中也存在著類似的邏輯。希臘作家聲稱她們存在於希臘世界的北部邊界。這群凶惡的女戰士比她鄉那些愛好和平的人民更為暴力黷武，總是威脅著要侵入希臘與希臘男性的文明世界。現代的女性主義者浪費了大量精力試圖證明這些亞馬遜女人確實存在過，只因這麼一個真正由女人為了女人而統治的社會帶有種種極為誘人的可能性。繼續做夢吧。殘酷的事實是，亞馬遜女人是希臘的男性神話。其中的基本訊息是，只有死了的亞馬遜女人才算好人，或者像是惡劣的泰瑞所認為的那樣，只有在臥房裡受到支配的亞馬遜女人才是好人。潛藏於其中的論點就是，男人有義務拯救文明不受女人的統治。

必須承認，偶爾有些例子看起來確實像是古代的女性權力終於受到比較正面的描繪。現代劇場經常演出亞里斯多芬的一部喜劇，戲名即是劇中女主角的

這個西元前5世紀的雅典陶罐上妝點了一幅亞馬遜女戰士與希臘人衝突的圖畫。此處的亞馬遜女戰士穿著相當於「連身衣」的古代服裝，也就是俐落的長袍與緊身褲。在古代的觀者眼中，這種衣著風格代表了希臘人現實生活中的敵人：波斯人。

名字：《利西翠妲》（*Lysistrata*）。這部作品寫於西元前五世紀末，之所以至今仍是熱門的演出選擇，原因是這齣戲似乎完美融合了高雅的古典文學、充滿活力的女性主義、反戰的理念，還有不少的淫穢內容（而且曾經受到激進女性主義者潔玫·葛瑞爾〔Germaine Greer〕翻譯）。這部劇本講述一場性罷工的故事，而且背景不是神話世界，而是在古雅典的當代世界。在利西翠妲的領導下，雅典的女人試圖逼迫男人結束與斯巴達的長期戰爭，方法是在戰爭結束前拒絕與她們的丈夫同床。男性角色在戲中大部分的時間都帶著極不方便的勃起陰莖走來走去（這點在當今經常對戲服部門造成棘手而且爆笑的挑戰）。最後，那些男人因為再也忍受不了自己無處發洩的慾火，只好屈從女性的要求而與斯巴達講和。你也許會認為這是女力的最高表現。雅典的守護神雅典娜也經常以正面的形象獲得呈現。她是女性的這項簡單事實，不就為想像中的女性影

一見鍾情。在這個西元前6世紀的雅典陶罐上，希臘勇士阿基里斯（Achilles）殺了亞馬遜女王彭忒西勒亞（Penthesilea）——就在他以長矛刺死她之際，他們愛上了彼此。不過，已經太遲了。

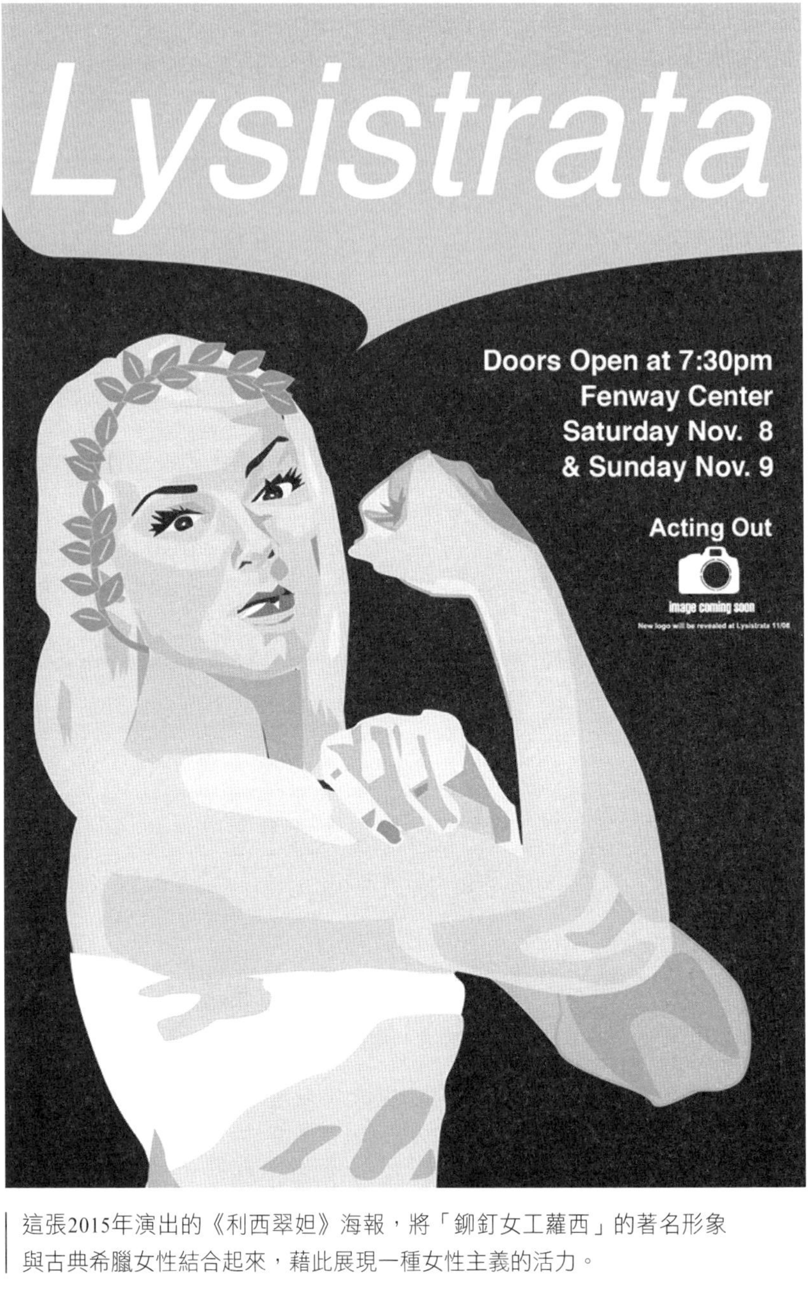

這張2015年演出的《利西翠妲》海報，將「鉚釘女工蘿西」的著名形象與古典希臘女性結合起來，藉此展現一種女性主義的活力。

響領域呈現了一種比較細膩的版本嗎？

實際上恐怕不是如此。你如果進一步探究，回到五世紀那時的社會情境，就會發現《利西翠妲》看起來其實非常不一樣。不只因為當時的觀眾與演員依據雅典習俗而全部都是男性——由男演員反串的女性角色大概都是以搞笑的方式演出——而且也是因為女性力量的幻想在劇末遭到了澈底壓制。在最後一幕裡，談和的過程包括了將一個裸女帶上舞台（或者由男演員裝扮成裸女的模樣），然後把她當成希臘地圖，以帶有低俗色情意味的隱喻方式將她瓜分給雅典與斯巴達的男性。這可算不上是什麼原生女性主義。

至於雅典娜，在現代教科書裡那些古希臘神祇的二分式列表當中（「宙斯，萬神之王；希拉，宙斯的妻子」），她確實是列在女神這一邊。不過，她在古代情境中的一項關鍵特色，就是她也是個難以歸類的雌雄混合體。就希臘

《利西翠妲》劇中那些無處洩慾的男人持續勃起的陰莖，經常對現代製作的演出造成問題。上圖是近期一部製作採取的做法：使用長形的擠壓瓶。

人的認知而言，她根本不是女性。第一，她的穿著打扮是個戰士，而打鬥在當時可是專屬男性的工作（這當然也是亞馬遜女人的潛在問題）。接著，她是處女，而當時女性的存在理由就是生育新的市民。此外，她不是由母親生下，而是直接從父親宙斯的頭裡蹦出來。由此看來，雅典娜不論是不是女性，都彷彿呈現出了一個理想的男性世界，不但可讓女性謹守她們應有的地位，而且還可以將她們澈底摒除。

此處的重點雖然簡單，但是非常重要：在從古到今的西方歷史當中，女性與權力都受到澈底的分隔——不論是在現實、文化還是想像的領域裡。雅典娜的服裝當中有一件物品更是把這項重點帶入了我們當今的這個時代。在這位女神大多數的形象當中，都可以看到她的胸鎧正中央有個女性頭顱的飾品，頭髮是一條條蠕動不已的蛇。這是梅杜莎的頭，她是神話中的戈爾貢三姊妹之一，也是古代最強而有力的一個象徵符號，代表男性對於女性權力可能帶來的毀滅性危險所握有的掌控力。難怪梅杜莎的頭會被砍下來，並且被這個完全不女性化的女神傲然展示於胸前。

梅杜莎的故事在古代有許多版本。在其中一個著名的版本裡，她是個美麗的女人，在一座雅典娜的廟宇中遭到海神波塞頓強暴，結果雅典娜為了懲罰她的褻瀆行為（請注意，被懲罰的人是她），而立刻將她變成一個可怕的怪物，只要有人看見她的臉就會變成石頭。後來，殺害這個女人成了英雄柏修斯（Perseus）的任務，於是他把自己閃亮的盾牌當成鏡子以避免直視梅杜莎，順利砍下了她的頭。他先是把這顆頭顱當成武器，因為梅杜莎的頭即便被砍下之後也還是能夠把人變成石頭；後來，他把這顆頭顱獻給雅典娜，雅典娜於是將其展示在自己的鎧甲上（其中傳達的一項訊息就是：不要太直視這位女神）。

這是羅馬人依據帕德嫩神廟裡的雅典娜女神雕像製作的迷你複製版，其中呈現了她的男性面向，包括盾牌、胸鎧乃至手中的（軍事）勝利象徵。她的胸鎧中央妝點著梅杜莎的頭顱。

這個西元前6世紀的雅典陶罐呈現了雅典娜從宙斯的頭裡直接誕生出來的奇特生育型態，其他神祇則是在一旁觀看。希臘神話表面上看來的荒誕不經在此處有個重要而且令人不安的重點：在一個完美的世界裡，甚至不需要女人即可生殖。

不需要是佛洛伊德，大概也看得出那頭蛇髮隱含了攫取陽具權力的意義。這就是典型的神話，在女性不正當掌權的情況下以暴力手段重新伸張男性的支配地位。西方的文學、文化與藝術也一再以這種方式重現這則神話。梅杜莎鮮血淋漓的頭顱在我們所屬的現代時期也是經典作品中常見的景象，令人不禁對藝術家把一件所有人都不該看的物品呈現出來的能力產生疑慮。卡拉瓦喬在一五九八年為梅杜莎遭到砍下的頭顱繪製了一幅非凡的畫作，據說面容採用了他自己的五官。在畫裡，那顆頭顱發出驚駭的尖叫，鮮血流瀉而下，頭上的蛇蠕動不休。比這幅畫早了幾十年前，切利尼（Benvenuto Cellini）創作了一尊柏修斯的大型銅像，至今仍然矗立在佛羅倫斯的領主廣場：只見柏修斯踩在梅杜莎血肉模糊的屍身上，一手高舉她的頭顱，同樣噴濺著鮮血與黏液。

令人訝異的是，梅杜莎被砍頭的形象至今仍是反對女性掌權的文化象徵。

英勇勝利還是殘暴的厭女症？在切利尼的雕像當中，柏修斯高舉梅杜莎的首級，同時腳踩著她的屍身。這尊雕像和其後方的另一件雕塑正好頗為相配：那件雕塑呈現了希臘勇士阿基里斯暴力劫持一名特洛伊公主。

梅克爾的五官一次又一次被疊加在卡拉瓦喬的梅杜莎畫像上。英國首相梅伊（Theresa May）擔任內政大臣期間，英國警察聯盟（Police Federation）曾在一次較為愚蠢的謾罵當中將她稱為「梅登黑德（Maidenhead）的梅杜莎」。「將她比擬為梅杜莎也許有點措辭過重，」《每日快報》（*Daily Express*）回應指出：「我們大家都知道梅伊女士有一頭美麗時髦的頭髮。」在二〇一七年工黨全國大會上流傳的一份漫畫當中，也可以看到蛇髮俱全的「梅」杜莎。不過，相較於巴西總統羅賽芙（Dilma Rousseff），梅伊算得上是輕鬆過關。羅賽芙在擔任總統期間曾經不幸必須在聖保羅為一場卡拉瓦喬大展揭幕，《梅杜莎》自然也在展出作品之中，結果事實證明羅賽芙站在這幅畫前乃是個令人無法抗拒的拍照機會。

不過，梅杜莎的主題卻是在希拉蕊身上顯現出最毫無修飾也最惡毒的一

卡拉瓦喬繪製的梅杜莎首級一再受到複製，用於對女性政治人物「砍頭」。在上圖裡，梅克爾與希拉蕊都被呈現為梅杜莎。

面。不出意料，川普的支持者製作了許多她頂著一頭蛇髮的圖像。其中最恐怖而令人難忘的一幅圖，採用了切利尼的銅像。那座銅像遠比卡拉瓦喬的畫作更適合，原因是那座銅像不只是一顆頭顱，而是還包括了那個英勇的男性對手暨殺手。繪者唯一需要做的，就是把川普的臉疊加在柏修斯的臉上，再把他手提的那顆頭顱的面容取代為希拉蕊即可（我猜那個作者大概是出於品味的考量而略去了原作裡被柏修斯踩在腳下的屍體）。你如果深入挖掘網路上某些較為黑暗的角落，確實可以找到一些以非常惡毒手法呈現的歐巴馬圖像，但那是網路上非常黑暗的角落。此外，在美國電視上的一項諷刺表演當中，也曾經出現過一顆假的川普人頭；但在這個案例中，那名（女性）喜劇演員因此丟掉了工作。相對之下，柏修斯／川普高舉著梅杜莎／希拉蕊的頭顱這幅圖像，在美國國內的飾品界裡卻是隨處可見。你可以買到綴有這幅圖的T恤與背心、咖

令人不安的紀念品？在美國的2016年總統大選當中，川普的支持者有許許多多的古典形象可以選擇。其中最引人注目的一幅圖像，就是川普化身成柏修斯，而斬首了化身為梅杜莎的希拉蕊。

啡杯、筆電保護套以及托特包（有些標示著「勝利」的字樣，有些則是標示著「川普」）。你可能需要一點時間才能夠理解到這種性別暴力的常態化，但你對女性被排除於權力之外的現象有多麼深植於文化當中如果有所懷疑，或是不確定建構這種現象以及加以合理化的古典方式所持續帶有的力量——那麼，我向你呈上川普與希拉蕊／柏修斯與梅杜莎這件證物。這麼一來，相信就不必多說了吧。

當然，我們不該就此打住，而不談談我們可以對這種現象採取什麼實際的做法。我們要怎麼做，才能夠將女性重新定位於權力範圍當中？我想，我們在這方面必須區辨個人觀點與較為一般性的集體觀點。只要看看一些「出人頭地」的女性，即可看到她們成功背後的手段與策略不只是東施效顰男性用語。許多這類女性共有的一項特點，就是能夠將通常對女性造成消權影響的象徵轉

柴契爾夫人嚴詞砲轟她的一名內閣大臣：倒楣的教育大臣肯尼斯・貝克（Kenneth Baker）。

為對自己有利。柴契爾夫人在自己的手提包上就似乎做到了這一點，於是這種最帶有刻板形象的女性配件終究成了政治權力的動詞：女性澈底擊潰對手，在英文裡就稱為「to handbag」。在一個位階低得完全不能相比的層次上，我為了應徵一份學術界的工作而首度接受面試的時候也做過類似的事情。當時正值柴契爾夫人的巔峰時期，我特別為那場面試買了一條藍色緊身褲。這不是我通常的服裝選擇，但這麼做的邏輯令我深感得意：「你們這些面試官如果認為我是個右派女學霸❷，那我就證明給你們看我知道你們心裡在想什麼，而且我搶先了你們一步。」

至於梅伊，現在要對她下斷論還太早，但就目前看來，我們已愈來愈有可

❷譯注：英文裡將學識過人而惹男性厭惡的才女稱為「bluestocking」，其字面意義為藍色長襪。

能會在未來回顧現在時將她視為一個之所以被送上權力寶座——並且被保持在那個寶座上——就是為了要看她失敗的女人。（我很努力克制自己不把她比擬為克呂泰涅斯特拉。）不過，我確實意識到她的「鞋子事件」以及她所穿的細跟高跟鞋，是她展現自己拒絕被塞進男性模板的一種方式。她也和柴契爾夫人一樣相當善於攻擊保守黨傳統男性權力當中的弱點。由於她不屬於男性交際世界，不是「弟兄」，因此這點有時有助於她為自己劃出一個獨立的領域。她藉著自己遭到排除的事實而獲得了權力與自由。此外，她也以無法忍受「男人說教」而著稱。

許多女性都能夠學習這類觀點與小技巧。不過，我一直試著要面對的那些大問題卻無法由善加利用現狀的訣竅解決。我也不認為耐心會是答案，儘管我們幾乎可以確定漸進的改變一定會出現。實際上，鑒於英國這個國家裡的女性擁有投票權只是近一百年來的事情，我們絕對應該恭賀所有人（包括女性與男性在內）共同造就的革命成果。但儘管如此，我對於為排除女性的做法賦予正當性的深層文化結構所懷有的看法如果沒錯，那麼漸進式改變所花的時間就可能會太長——至少對我來說是如此。我們必須更深入省思權力是什麼、為的是什麼，以及如何受到衡量。換句話說，女性如果不被視為完全歸屬於權力結構，那麼我們必須重新定義的顯然應該是權力，而不該是女性，對不對？

截至目前為止，在對權力的省思上，我都依循了這類討論的尋常途徑，也就是聚焦於國家與國際政治及政治人物——我們大可再額外加上一些常見人物，包括企業執行長、知名記者、電視主管等等。這種討論方式對於何謂權力提供了非常狹隘的觀點，主要將權力與公共聲望連結在一起（或者在某些案例中，則是與公共惡名連結在一起）。這種討論方式在一個非常傳統的意義上可說是極為「高階」，與權力的「玻璃天花板」形象密不可分。這種形象不但將女性有效排除於權力之外，也把女性先驅想像成早已成功的女超人，只剩下男性偏見的最後幾縷殘跡阻礙著她達到頂端。我不認為這種模式能夠引起大多數女性的共鳴，因為她們就算沒有以當上美國總統或企業老闆為目標，也仍然合情合理地認為自己想要在權力當中占有一席之地。此外，這種模式在二〇一六年也絕對沒有吸引到夠多的美國選民。

就算把自己的目光局限於國家政治的高層當中，我們如何評判女性在那個領域裡的成功也仍然是個棘手的問題。在許多記錄各國議會的女性成員比例的排名表中，其中排名最高的是盧安達，該國的議會成員有超過百分之六十都是女性，而英國則是落後將近五十名，只有百分之三十左右。引人注目的是，沙烏地阿拉伯國會的女性比例還高過美國國會。我們很難不對其中某些數字哀嘆，同時對其他數字喝采，而且女性在內戰後的盧安達所扮演的角色也適得其所地獲得許多討論。不過，我確實不免納悶，有些國家的國會裡之所以有大量的女性，是不是表示那些國家的國會正是權力不在之處？

我也懷疑我們沒有全然誠實面對自己希望女性進入國會的原因。不少研究都指出了女性政治人物在倡議有益女性的立法（例如兒童托育、同工同酬，以及家暴方面的法案）所扮演的角色。福西特協會（Fawcett Society）的一份報告在不久之前指出，威爾斯國民議會的女性與男性議員各占一半的平衡狀態，與「女性議題」在議會裡獲得提出的次數有關。我當然不會抱怨兒童托育及其他議題獲得公平的發聲機會，但我不確定這類事情是否應該繼續被視為「女性議題」；我也不確定這些議題是我們希望更多女性進入國會的主要原因。我認為我們之所以希望更多女性進入國會，其實有更加基本的原因：不論我們是以什麼樣的潛意識手段這麼做，將女性排除在外是明目張膽的不公正做法；而且，我們也純粹沒有本錢可以不仰仗女性的專業能力，不論是在科技、經濟還是社會照顧方面。如果這樣表示進入立法機構的男性會減少，而實際上也必然如此——社會變革除了造就贏家之外，也總是不免會有些輸家——那麼我會很樂於直視那些男人的雙眼。

不過，這樣仍然是把權力視為某種菁英性的東西，與公共聲望結合在一起，與所謂的「領導」這種個人魅力結合在一起，也經常與一定程度的知名度結合在一起——儘管不是必然如此。這樣也是把權力狹隘地視為一種所有物，只有極少數人——主要是男人——能夠擁有或者運用（這正是揮舞著劍的柏修斯或川普那幅影像所概括的概念）。依照這些條件，女性這個性別——而不是個別的女人——在定義上就被排除於權力之外。你無法輕易將女性放進一個早已被設定為男性的結構裡；而是必須改變既有的結構。要這麼做，就必須以不同的方式思考權力，必須將權力與公共聲望脫鉤，必須從事合作性的思考，不只思考領導人的權力，也思考跟隨者的權力。最重要的是，必須把權力視為一種屬性，或甚至是個動詞，而不是一種所有物。我心中所想的是有效行動的能力，對世界造成改變的能力，以及受到認真看待的權利，不論是在個人還是集體的層面上。許多女性覺得自己欠缺而且也想要的，就是這種意義的權力。「男人說教」一詞為什麼會引起如此普遍的共鳴（儘管許多男性強烈厭惡這個用語）？我們之所以覺得這個詞語正中紅心，原因是這個詞語直接指出了不受到認真看待的感覺：有點像是別人在我推特上教訓我羅馬歷史的那種感覺。

所以，我們思考權力是什麼、權力能夠做什麼，以及女性與權力的關係之時，是否應該對改變感到樂觀？也許我們應該稍微樂觀點。舉例而言，令我感到訝異的是，「黑人的命也是命」（Black Lives Matter）這個在過去幾年來最具影響力的一項政治運動，竟是由三名女性發起；我猜大概沒什麼人知道她們的名字，但她們聯合起來卻有力量能夠以不同的方式達成目標。

不過，整體的情勢卻是灰暗得多。我們至今根本都還沒接近於顛覆那些將女性排除在權力之外的基礎權力論述，也沒能像柴契爾夫人對她的手提包那樣，將其轉為對我們有利。就連我也以迂腐的態度反對把《利西翠妲》當成宣揚女力的作品演出——儘管我們現在可能正應該以這種方式加以演出。此外，儘管女性主義者在過去五十年左右以來有不少試圖將梅杜莎轉變為女力象徵的著名嘗試（近來一部散文集的書名就叫做《與梅杜莎同笑》〔*Laughing with Medusa*〕）——更別提凡賽斯將她當成品牌標誌——但這些做法對於她被用來攻擊女性政治人物的方式卻沒有造成任何改變。

改變社會的人士不需要是名人。極少有人知道「黑人的命也是命」運動的三名女性發起人的姓名：艾麗西亞．加爾薩（Alicia Garza）、派翠絲．庫勒斯（Patrisse Cullors）、歐珀．托瑪蒂（Opal Tometi）。

吉爾曼充分呈現了那些傳統敘述的力量，儘管她的描寫頗具宿命論色彩。《她鄉》有一部續集，描述范戴克決定護送泰瑞返回我鄉，並且帶著他在她鄉娶的太太艾拉朵同行：這部續集的書名叫做《與她共遊我鄉》（*With Her in Ourland*）。實際上，我鄉表現出來的形象並不太好，部分原因是艾拉朵抵達的時候正值第一次世界大戰。這對夫妻丟下泰瑞之後，不久便決定返回她鄉。這時候，艾拉朵已經懷孕，而這第二部短篇小說的最後一句話——你也許已經猜到——就是：「不久之後，我們生下了一個兒子。」吉爾曼必定非常明白沒有必要再寫另一部續集。讀者只要明白西方傳統的邏輯，即可精確預測到她鄉在五十年後會由誰當家：就是那個男孩。

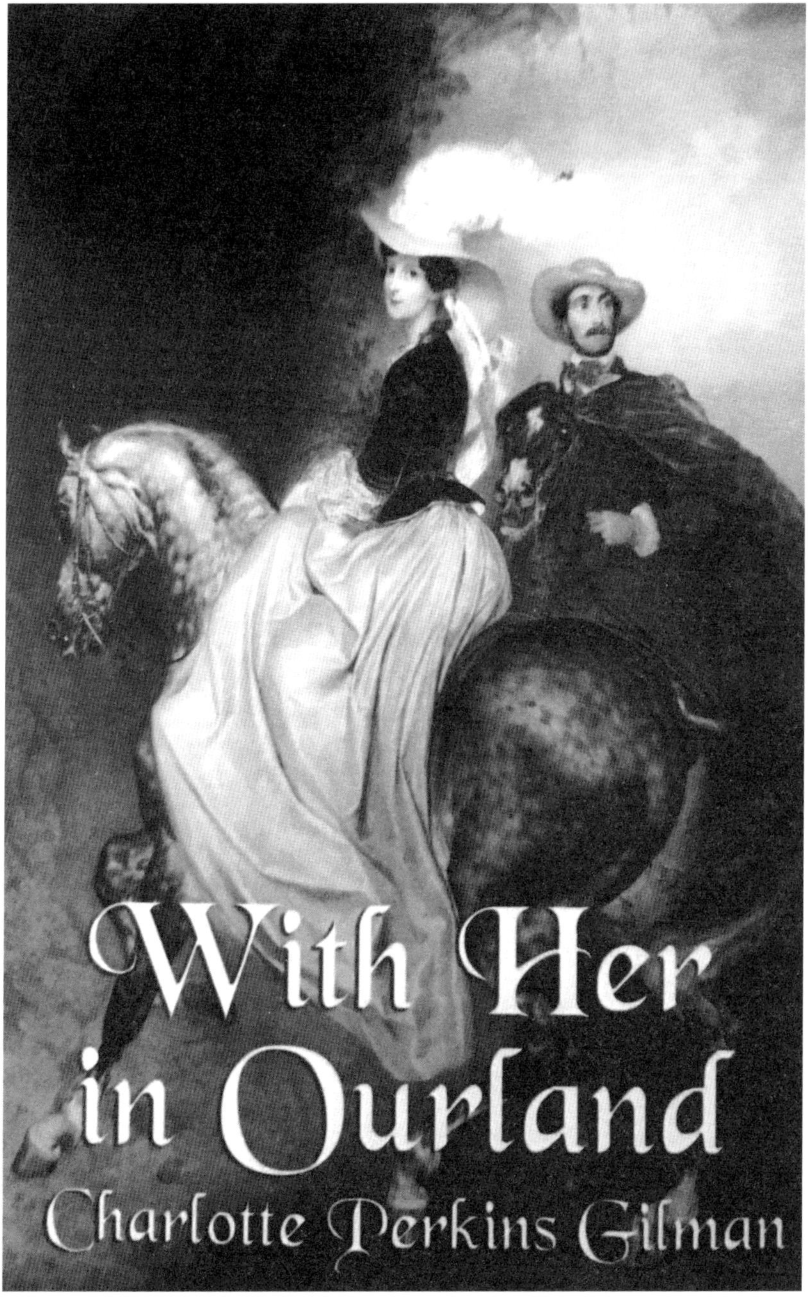

《與她共遊我鄉》一部近期版本的封面，暗示了她鄉的女性可能受到男性權力馴服的方式。

後記

把講座內容轉變為白紙黑字可以是一件頗為棘手的事情。你該以多麼客觀的眼光重新思考並且修飾你的論點？你該多麼盡力保住這些內容在發表當下所帶有的活力，甚至是無傷大雅的小瑕疵？我利用這個機會做了些微的更新。二〇一四年發表現在匯整為本書第一章的那場講座之時，歐巴馬還是美國總統；而我在二〇一七年發表第二場講座的時候，梅伊擔任首相的表現看起來也和現在相當不同（我順口提及她之所以被送上權力寶座，就是「為了要看她失敗」，這句話在原版當中就有，而且在當時看來顯得更有先見之明）。不過，在成書時我抗拒了其他誘惑，包括做出巨幅改變、引介新主題，或者更深入探究在講座裡只有概略提及的觀念。我希望未來能夠推翻一項觀念，也就是現在常見的一種假設，認為「領導」是機構獲致成功的關鍵（通常是男性領導），不論學校與大學還是企業與政府皆如此。不過，那是以後的事情了。

你如果想要找尋更多我探討的那種辱罵女性的言論的近期例子，在網路上就可以輕易找到許多。網路小白沒什麼想像力，也不是特別細膩，而且每一場推特謾罵看起來通常都沒什麼差別。不過，偶爾還是可以找到一些新的觀看角度，或者至少是一些具有揭露性的比較。在二〇一七年夏季的英國大選期間以及選舉結束後，我對於工黨國會議員黛安．艾博特（Diane Abbott）以及保守黨的鮑里斯．強森（Boris Johnson）分別接受的兩場慘不忍睹的電台訪問深感訝異。艾博特對於自己所屬政黨提出的警察招募政策所需的成本回答得亂七八糟，一度甚至提出一個荒謬的數字，換算之後顯示每一名新招募的警察年薪只有八英鎊。強森對於新政府的某些主要承諾也表現出了同樣令人難堪的笨拙無知；他對自己所屬政黨在刑事司法體系當中的種族歧視現象以及高等教育入學機會方面的政策似乎一無所知。造成這些「災難」的原因不是主要重點（艾博特在當時明顯身體狀況不好）。真正引人注目的，是這兩場訪問在網路上以及其他地方引起的不同反應。

對於艾博特的批評者而言，她犯下的錯誤就像是宣告「狩獵季」展開一樣，許多人紛紛留言嘲諷她為「呆瓜」、「肥白痴」、「沒腦子的笨蛋」，還有其他更惡毒的話語，並且帶有不少種族歧視的色彩（她是英國在任最久的黑人國會議員）。以婉轉的方式解讀，這些訊息的意思就是說她沒有能力勝任這份工作。強森同樣受到許多批評，但批評方式卻非常不一樣。他的受訪比較被視為一種小男孩的任性表現：他應該認真一點，別再胡言亂語，要專心練好簡報的能力。換句話說，下一次要表現得好一點。艾博特的抨擊者所追求的目標，就是要確保她不會再有「下一次」的機會（不過，這項目標卻沒有達成，因為她後來又以遠高於前一次的得票數連任）。

不論你對艾博特與強森的觀感如何，此處呈現出來的乃是相當引人注意的雙重標準。女性不但比較難以成功，而且她們要是搞砸了，遭到的譴責也會嚴厲得多。想想希拉蕊的電子郵件事件。我要是重寫這本書，一定會用比較多的篇幅捍衛女性犯錯的權利，至少是偶爾犯錯的權利。

我不確定自己是不是能夠為這點找到平行的古典案例。所幸，我們所做或者所想的一切並非全都能夠直接或間接追溯到希臘與羅馬時代；此外，我也經常堅持我們無法從古代世界的歷史中學到簡單的教訓。我們不需要羅馬在中東地區的不幸先例，也能夠知道干預阿富汗與出兵伊拉克可能不是好主意。羅馬帝國在西方世界的「崩解」，也無助我們理解現代地緣政治的起伏變化。但儘管如此，仔細檢視希臘與羅馬有助於我們更仔細檢視自己，並且更進一步了解我們如何學會當今的這種思考方式。

荷馬的《奧德賽》有許多理由值得我們至今持續關注，而我們如果只是為了探究西方厭女症的起源而閱讀這部作品，也絕對是一項文化罪行。這部史詩探討了許多議題，包括文明與「野蠻」的本質、返鄉的本質、忠誠與歸屬的本質。但儘管如此，我希望本書能夠讓讀者看出這一點：潘妮洛普一在公共場合開口就隨即遭到兒子忒勒馬科斯斥責，到了二十一世紀的今天仍是太常見到的現象。

二〇一七年九月

參考文獻及延伸閱讀

此處提及的所有古典文獻都有英文譯本，不論是紙本還是網路上的電子版。這些文獻都可在洛布古典叢書（Loeb Classical Library; Harvard University Press）以及柏修斯數位圖書館（Perseus Digital Library; http://www.perseus.tufts.edu/hopper/）找到。企鵝古典系列（Penguin Classics）的最新譯本也值得參考。

第一章 女性的公開發言

潘妮洛普受到的奚落出現在荷馬，《奧德賽》第一卷，頁三二五—三六四。亞里斯多芬的「爆笑」幻想是《女人天下》（*Ecclesiazousai*；英譯本的標題為*Assemblywomen*或*Women in Power*）。伊娥的故事講述於奧維德，《變形記》第一卷，頁五八七—六四一；愛可的故事在《變形記》第三卷，頁三三九—五〇八。討論女性公開發言特例的那名羅馬文集編者是瓦萊里烏斯．馬克西穆斯（*Valerius Maximus*；出處在《名人言行錄》第八卷〔*Memorable Deeds and Sayings*〕，頁三）。關於盧克麗霞的譴責話語，最著名的版本是李維（Livy），《羅馬史》第一卷（*History of Rome*），頁五八。菲勒美拉的故事見《變形記》第六卷，頁四三八—六一九。西元二世紀的宗教領袖是普魯塔克（Plutarch），他在《對新婚夫妻提出的忠告》第三十一卷（*Advice to Bride and Groom*；《道德論集》一四二d〔Moralia〕）提及女性的意見。關於「vir bonus dicendi peritus」這句古羅馬格言，見坤體良（Quintilian），《演說手冊》第十二卷（*Handbook on Oratory*），頁一。亞里斯多德對於音調的影響討論見於《動物的產生》第五卷（*Generation of Animals*），頁七（七八六b—七八八b）以及《面相》第二卷（*Physiognomics*；八〇六b）。男人說話像女人而對社群造成的折磨，討論於狄奧·克里索斯托，《言說》第三十三卷（*Speech*），頁三八。關於古典世界的性別差異言說以及靜默，見*Making Silence Speak: Women's Voices in Greek Literature and Society*，編者為A. P. M. H. Lardinois與Laura McClure（Princeton, NJ, 2001）以及W. Gleason，*Making Men: Sophists and Self-Presentation in Ancient Rome*（Princeton, NJ, 1995）。

伊莉莎白一世的提爾伯里演說的真實性已有許多爭論。Susan Frye，'The Myth of Elizabeth at Tilbury'，《十六世紀期刊》第二十三卷（*Sixteenth-Century Journal*, 1992），頁九五—一一四對於懷疑觀點提出了充分的論據（文中也附上演說稿的標準版本，這篇演說稿也可見於http://www.bl.uk/learning/timeline/item102878.html）。索傑納·特魯斯的一生探討於潘特（Nell Irvin Painter），《索傑納·特魯斯生平：一個時代的象徵》（*Sojourner Truth: A Life, a Symbol*；

New York, 1997）；她那項演說的各種不同版本可見於以下網址：http://wonderwombman.com/sojourner-truth-the-different-versions-of-aint-i-a-woman/。亨利・詹姆斯的散文'The Speech of American Women'收錄於*Henry James on Culture: Collected Essays on Politics and the American Social Scene*，編者為Pierre A. Walker（Lincoln and London, 1999），頁五八—八一。關於其他引文，見Richard Grant White，*Every-Day English*（Boston, 1881），頁九三，以及豪威爾斯（William Dean Howells），'Our Daily Speech'，《哈潑時尚》一九〇六，頁九三〇—九三四，討論於Caroline Field Levander，*Voices of the Nation: Women and Public Speech in Nineteenth-Century American Literature and Culture*（Cambridge, 1998）。對於網路騷擾的程度做出精確評估的困難性眾所周知，而且實際案例與回報案例之間的關係也是個難以解決的問題；不過，近來有一項值得參考的檢視報告，並且附有豐

富的參考書目，作者為Ruth Lewis等人，‘Online abuse of feminists as an emerging form of violence against women and girls’，《英國犯罪學期刊》（*British Journal of Criminology*），線上出版於二〇一六年九月，https://academic.oup.com/bjc/article-lookup/doi/10.1093/bjc/azw073。

福爾維婭毀傷西塞羅頭顱的行為描述，見卡西烏斯・狄奧（Cassius Dio），《羅馬史》（*Roman History*），頁四七、八、四。

第二章 掌握權力的女性

將克呂泰涅斯特拉指為「androboulon」的說法可明確見於埃斯庫羅斯，《阿伽門農》，頁一一。艾德麗安・梅約（Adrienne Mayor），*The Amazons: Lives and Legends of Warrior Women across the Ancient World*（Princeton NJ, 2014）為亞馬遜女戰士提供了一項論述嚴謹的另類觀點（但沒有說服我）。潔玫．葛瑞爾的《利西翠妲》英譯本為潔玫．葛瑞爾與P. Wilmott，*Lysistrata: the Sex-Strike*（London, 1972）；*Looking at Lysistrata: Eight Essays and a New Version of Aristophanes' Provocative Comedy*，David Stuttard編（London, 2010），為該劇的議題提供了充分的介紹。

梅杜莎故事的一個古代經典版本是奧維德，《變形記》，卷四，頁七五三—八〇三。從女性角度重新掌握梅杜莎故事的主要嘗試包括：愛蓮．西蘇（H. Cixous），〈梅杜莎的笑〉（The Laugh of the Medusa），*Signs* 1（1976），頁八七五—八九三，以及《與梅杜莎同笑》，編者為Vando Zajko與Miriam Leonard（Oxford, 2006）。一本值得參考的論文集是*The Medusa Reader*，編者為Marjorie Garber與Nancy J. Vickers（New York and Abingdon, 2003）。福西特協會與威爾斯國民議會的觀點概述請見這篇線上投書：https://humanrights.brightblue.org.uk/fawcett-society-written-evidence/（〈兒童托育辯論有百分之六十二都是由女性議員提起，家暴是百分之七十四，同工同酬則是百分之六十五〉）。

誌謝

我的朋友，《倫敦書評》編輯Mary-Kay Wilmers最早想出了作為本書撰寫基礎的那套講座的主題，而且將之排入二〇一四與二〇一七年舉行於大英博物館的《倫敦書評》系列講座當中。我要感謝她，還有《倫敦書評》的其他工作人員，也要感謝英國廣播公司將我講座內容的其中一個版本在電視與廣播上播出（我要鄭重指出，在我電視播出的所有表現之中，已故的A. A. Gill只喜歡第一場講座）。本書的出版在也受到其他許多人的幫忙。一如往常，Peter Stothard慷慨分享了他的專業（這一次包括他對希臘羅馬文學與當代政治的理解）；Caterina Turroni對本書的最後階段以及最後的結語提供了幫助，當時我們兩人正在合作另一項完全不同的計畫；我的家人——Robin、Zoe與Rapahel Cormack——在長達幾週的時間裡耐心聆聽了講座的許多試驗版本（而且Raphael是最早敦促我看《她鄉》的人）；Debbie Whittaker是本書出版過程中不可或缺的人物；還有Profile出版社的所有人員，包括Penny Daniel、Andrew Franklin與Valentina Zanca，都和以往一樣慷慨熱心，並且充滿效率和耐心。我不禁回想到，在一九八〇年代初期，Chloe Chard和我針對女性在大學研討會當中為何極少發言的主題寫了一篇文章，結果完全找不到人願意刊登。本書裡的部分論點終究可以追溯到當初與Chloe的對談。

不過，對我幫助最大的是Helen Morales，她曾經是我在劍橋大學紐納姆學院（Newnham College）古典學系的同事，現任聖塔芭芭拉加州大學教授。我們透過越洋電話討論了女性權力與發聲的議題，包括在古典世界以及其他時代。除了其他許多事物之外，她也指引了我檢視梅杜莎的影像。我要將本書獻給她。

插圖目錄

P.27 西元前五世紀的紅彩陶器，描繪了潘妮洛普與她的兒子忒勒馬科斯在奧德修斯離家期間身在伊塔卡（Ithaca）的情景。收藏於義大利丘西（Chiusi）的國家博物館。來源：Dea Picture Library/De Agostini/Getty Images。

P.29 「崔格小姐，這項建議非常好」這則漫畫呈現了充滿性別歧視的董事會當中的景象。作者為芮安娜・鄧肯，刊登於《笨趣》，一九八八年九月八日。來源：©Punch Limited。

P.32 《朱比特將變為母牛樣貌的伊娥交給朱諾》，繪者為特尼爾斯，作於一六三八年，收藏在奧地利維也納的藝術史博物館（Kunsthistorisches Museum）。來源：Wikimedia。

P.34 《愛可與納西瑟斯》，繪者為瓦特豪斯，作於一九〇三年，收藏在利物浦的沃克美術館（Walker Art Gallery）。來源：Superstock/Getty Images。

P.37　盧克麗霞遭到塞克斯圖斯・塔克文強暴以及她的自戕：一本裝飾華美的友誼紀念冊當中一頁的圖像，年代為一五五〇年左右。來源：Sotheby's。

P.39　畢卡索的《泰諾斯與小姨子菲勒美拉扭打》（一九三〇），摘自《奧維德的變形記》（*The Metamorphoses of Ovid*）。來源：©Succession Picasso/DACS, London 2017。

P.41　霍坦希雅在三執政官面前為女性辯護的木刻版畫，摘自薄伽丘的著作《名媛》（*De mulieribus claris*）的一部德文譯本，年代為一四七四年左右。來源：Penn Provenance Project/Wikimedia。

P.47　女王伊莉莎白一世（一五三三—一六〇五）在提爾伯里騎著馬檢閱部隊，一五六〇年左右。來源：Hulton Archive/Getty Images。

P.50　索傑納・特魯斯，一八七九年左右，蘭道攝影棚（Randall Studio）。來源：

Alpha Historica/Alamy。

P.57 賈姬・奧特利獲頒榮譽學位，二〇一六年。來源：Express & Star, Wolverhaption。

P.66 愛德華・伯恩瓊斯，《菲勒美拉》（*Philomene*）。木刻版畫印在聖經紙上，由伯恩瓊斯為柯姆史考特出版社（Kelmscott Press）出版的喬叟全集設計的插圖校樣，頁四四一；〈好女人傳說〉（The Legend of Goode Wimmen），一八九六。來源：The British Museum Online Collection/Wikimedia。

P.68 《福爾維婭與西塞羅的頭顱》，斯維多姆斯基繪製的油畫，一八八〇年左右，收藏於佩列斯拉夫爾—扎列斯基歷史藝術博物館（Pereslavl-Zalessky History and Art Museum）。來源：Wikimedia Commons。

P.73 《她鄉》封面。吉爾曼的這部著作原本在一九一五年刊登於《先驅》雜誌

（*The Forerunner*），後來在美國由萬神殿圖書公司（Pantheon Books）以書本形式出版，一九七九年四月。

P.79 德國總理梅克爾與前美國國務卿希拉蕊在德國柏林的總理府，二〇〇九年十一月九日。來源：Action Press/REX/Shutterstock。

P.84 雷頓的《克呂泰涅斯特拉在阿爾戈斯的城垛上等待宣告阿伽門農歸來的信號篝火》，一八七四年左右（油彩，畫布）。來源：Leighton House Museum, Kensington & Chelsea, London, UK/Bridgeman Images。

P.86 黑底紅色人物的古典陶花瓶，描繪希臘人與亞馬遜女戰士的戰鬥，西元前四二〇年左右。來源：Rogers Fund, 1931/Metropolitan Museum NY。

P.88 黑彩雙耳瓶，西元前六世紀左右，描繪阿基里斯殺死彭忒西勒亞。來源：British Museum。

P.90 《利西翠妲》舞台劇海報，經設計者凱蒂・梅茨（Katie Metz）同意翻印。

P.92 《利西翠妲》舞台劇一幕，加州長灘劇院，二〇一六年。照片由麥可・哈迪（Michael Hardy）拍攝。

P.95 羅馬人依據帕德嫩神廟裡的雅典娜雕像製作的迷你複製版，收藏於雅典國家考古博物館。來源：Akg-images。

P.96 描繪雅典娜誕生情景的雙耳瓶，西元前五四〇年左右。來源：Henry Lillie Pierce Fund/Museum of Fine Arts, Boston/Bridgeman Images。

P.98 切利尼的銅雕《柏修斯提著梅杜莎的首級》（一五四五—一五五四），位於義大利佛羅倫斯領主廣場的傭兵涼廊（Loggia dei Lanzi）。來源：Akg-images。

P.100 （上圖）卡拉瓦喬，《梅杜莎》（一五九七），收藏於義大利佛羅倫斯烏菲茲美術館。來源：Wikimedia。（中圖）梅杜莎的臉被置換為梅克爾。

（下圖）梅杜莎的臉被置換為希拉蕊。這兩幅圖都是網路上的爆紅圖片。

P.102
切利尼的《柏修斯提著梅杜莎的首級》被修改，放上川普與希拉蕊的臉龐。來源：網路爆紅圖片。

P.104
史卡爾夫（Gerald Scarfe）的〈嚴詞砲轟〉（Handbagging），描繪柴契爾夫人痛斥國會議員肯尼斯．貝克。©Gerald Scarfe, with permission。

P.113
「黑人的命也是命」發起人艾麗西亞．加爾薩、派翠絲．庫勒斯與歐珀．托瑪蒂出席二〇一六年度魅力女性頒獎典禮（Glamour Women of the Year），加州洛杉磯。來源：Frederick M. Brown/Getty Images。

P.115
吉爾曼的《她鄉》續集《與她共遊我鄉》的封面。這部著作原本在一九一六年按章每月連載於《先驅》雜誌。後來在一九九七年由美國青木圖書（Greenwood Books）重新出版。

Mary Beard作品集 01

女力告白：最危險的力量與被噤聲的歷史

2019年3月初版　　定價：精裝新臺幣340元
有著作權・翻印必究　　平裝新臺幣290元
Printed in Taiwan.

著　者　Mary Beard
譯　者　陳信宏
叢書編輯　黃淑真
校　對　吳美滿
內文排版　林婕瀅
封面設計　許晉維
編輯主任　陳逸華

出版者　聯經出版事業股份有限公司
地址　新北市汐止區大同路一段369號1樓
編輯部地址　新北市汐止區大同路一段369號1樓
叢書主編電話　(02)86925588轉5322
台北聯經書房　台北市新生南路三段94號
電話　(02)23620308
台中分公司　台中市北區崇德路一段198號
暨門市電話　(04)22312023
台中電子信箱　e-mail：linking2@ms42.hinet.net
郵政劃撥帳戶第0100559-3號
郵撥電話　(02)23620308
印刷者　文聯彩色製版印刷有限公司
總經銷　聯合發行股份有限公司
發行所　新北市新店區寶橋路235巷6弄6號2樓
電話　(02)29178022

總編輯　胡金倫
總經理　陳芝宇
社長　羅國俊
發行人　林載爵

行政院新聞局出版事業登記證局版臺業字第0130號

本書如有缺頁，破損，倒裝請寄回台北聯經書房更換。
ISBN 978-957-08-5273-8 (精裝)
ISBN 978-957-08-5272-1 (平裝)
聯經網址：www.linkingbooks.com.tw
電子信箱：linking@udngroup.com

國家圖書館出版品預行編目資料

女力告白：最危險的力量與被噤聲的歷史/Mary Beard著．
陳信宏譯．初版．新北市．聯經．2019年3月（民108年）．144面．
14×20公分（Mary Beard作品集：01）
譯自：Women & Power: a manifesto
ISBN 978-957-08-5273-8（精裝）
ISBN 978-957-08-5272-1（平裝）

1.女權 2.女性主義

544.52 108002089